ENCORE UNE FOIS,
SI VOUS PERMETTEZ

DU MÊME AUTEUR

MICHEL TREMBLAY

ENCORE UNE FOIS, SI VOUS PERMETTEZ

comédie en un acte

LEMÉAC

Données de catalogage avant publication

Tremblay, Michel, 1942-
    Encore une fois, si vous permettez
    (Collection Théâtre)
    ISBN 2-7609-0366-4
    I. Titre.

PS8539.R47E52 1998   C842'.54   C98-940498-6
PS9539.R47E52 1998
PQ3919.2.T73E52 1998

Leméac Éditeur remercie la SODEC, ainsi que le Conseil des arts du Canada du soutien accordé à son programme d'édition dans le cadre du programme des subventions globales aux éditeurs.

Photographie de la couverture : Rhéauna Tremblay, photo de famille

ISBN 2-7609-0366-4

© Copyright Ottawa 1998 par Leméac Éditeur Inc.
1124, rue Marie-Anne Est, Montréal (Qc) H2J 2B7
Dépôt légal – Bibliothèque nationale du Québec, 3ᵉ trimestre 1998

Imprimé au Canada

CRÉATION ET DISTRIBUTION

Cette pièce a été créée à Montréal le 4 août 1998, au théâtre du Rideau-Vert, dans une mise en scène d'André Brassard.

NANA	:	Rita Lafontaine
LE NARRATEUR	:	André Brassard
Décor	:	Richard Lacroix
Costumes	:	François Barbeau
Éclairages	:	Claude Accolas

Pour Rita Lafontaine et André Brassard,
à l'occasion du trentième anniversaire
de la création des Belles-sœurs.

Je vous aime.

M.T.

Le plateau est vide.

Le Narrateur entre, s'assoit sur une chaise qu'il ne quittera pas jusqu'à la fin. Il peut bouger, gesticuler, croiser jambes et bras, mais il ne doit pas quitter la chaise jusqu'aux dernières minutes de la pièce.

Nana, elle, envahit le plateau aussitôt arrivée, l'habite, le domine, en fait son royaume. C'est sa pièce à elle.

LE NARRATEUR. Ce soir, personne ne viendra crier : «Pour qui sont ces serpents qui sifflent sur vos têtes?» ni murmurer : «Va, je ne te hais point» en se tordant les mains. Aucun fantôme ne viendra hanter la tour de garde d'un château du royaume du Danemark où, semble-t-il, il y a quelque chose de pourri. Vous ne verrez pas trois femmes encore jeunes s'emmurer à jamais dans une datcha en chuchotant le nom de Moscou la bien-aimée, l'espoir perdu. Aucune sœur n'attendra le retour de son frère pour venger la mort de leur père, aucun fils n'aura à venger l'insulte faite à son père, aucune mère ne tuera ses trois enfants pour se venger de leur père. Et aucun mari ne verra sa poupée de femme le quitter parce qu'elle le méprise. Personne ne se transformera en rhinocéros. Des bonnes ne planifieront pas l'assassinat de leur maîtresse après avoir dénoncé et fait incarcérer son amant. Aucun homme ne pleurera de rage au fond de son jardin en hurlant : «Ma cassette ! Ma cassette !» Personne ne sortira d'une poubelle pour venir raconter une histoire absurde. Des familles italiennes ne partiront pas en villégiature. Aucun soldat au retour de la guerre ne vargera dans la porte de la chambre de son père pour protester contre la présence d'une deuxième femme dans le lit de sa mère. Aucune blonde évanescente ne se noiera. Un Grand d'Espagne ne séduira pas mille et trois femmes espagnoles et une famille entière de femmes espagnoles ne souffrira pas sous le joug de la terrible Bernarda Alba. Vous ne verrez pas l'homme-animal déchirer son T-shirt trempé de sueur en hurlant : « Stella ! Stella ! », et sa belle-sœur ne sera pas perdue au moment précis où elle descendra du tramway nommé Désir. Aucune belle-mère ne mourra d'amour pour le plus jeune fils de son nouveau mari. La peste ne s'acharnera pas sur la ville de Thèbes et la guerre de Troie n'aura pas lieu. Et le Roi en personne ne se sentira pas obligé d'intervenir pour sauver un pauvre naïf des griffes d'un fieffé hypocrite. Il n'y aura pas de combat à l'épée, ni d'empoisonnement, ni de toux disgracieuse. Personne ne mourra ou, si quelqu'un a à mourir, on en fera une scène comique. Non, vous ne verrez rien de tout ça. Ce que vous verrez, ce sera une femme toute simple, une simple femme qui viendra vous parler... j'allais dire de sa vie, mais celle des autres sera tout aussi importante : son mari, ses fils, la parenté, le voisinage. Vous la reconnaîtrez peut-être. Vous l'avez souvent croisée au théâtre, dans le public et sur la scène, vous l'avez fréquentée dans la vie, elle vient de vous. Elle est née à une époque précise de notre pays, elle évolue dans une ville qui nous ressemble, c'est vrai, mais, j'en suis convaincu, elle est multiple. Et universelle. Elle est la tante de Rodrigue, la cousine d'Électre, la sœur d'Ivanov, la marraine de Caligula, la petite nièce de Mrs. Quickly, la mère de Ham ou de Clov et peut-être même des deux. Et quand elle s'exprime dans ses mots à elle, ceux qui parlent autrement la comprennent dans leurs mots à eux.

Elle traverse toutes les époques et fait partie de toutes les cultures. Elle a toujours été là et le sera toujours. J'avais envie de la revoir, de l'entendre à nouveau. Pour le plaisir. Pour rire et pleurer. Encore une fois, si vous permettez. *(Il regarde en direction de la coulisse.)* Je l'entends justement qui vient. Elle va nous parler d'abondance parce que la parole, pour elle, a toujours été une arme efficace. *(Il sourit.)* Comme on dit dans les classiques : «La voici qui s'avance!»

Entre Nana.

Elle est visiblement furieuse.

NANA. Envoye dans ta chambre! Pis tu-suite! Penses-tu que ça a du bon sens! À ton âge! À dix ans, on est supposé savoir ce qu'on fait! Non, c'est pas vrai, qu'est-ce que je dis là, à dix ans, on n'est pas supposé savoir ce qu'on fait. On a l'âge de raison, mais on n'a pas d'expérience. À dix ans, on est niaiseux, on est un enfant niaiseux pis on se conduit en enfant niaiseux! Mais y me semble que ça, t'aurais dû savoir que ça se faisait pas!

LE NARRATEUR. J'ai pas fait exiprès.

NANA. Comment ça, t'as pas fait exiprès! T'as pitché un morceau de glace en dessous d'une voiture en marche, viens pas me dire que t'as pas fait exiprès! Y'est pas parti tu-seul' c'te motton de glace là!

LE NARRATEUR. Tout le monde le faisait!

NANA. Ben oui! C'est intelligent, ça! Tout le monde le faisait! Te sens-tu obligé de faire comme tout le monde? Si tout le monde décide d'aller se coller la langue sur un piquet de clôture gelé, vas-tu risquer de t'arracher le bout de la langue pis de zozoter pour le reste de tes jours juste pour faire comme tout le monde?

LE NARRATEUR. Si je l'avais pas fait...

NANA. Si tu l'avais pas fait, rien de tout ça serait arrivé, pis j'aurais pas eu si honte de toi! Sais-tu ce que je viens de vivre? Hein? Le sais-tu? On dirait que ça te dérange pas! J'étais en train de faire mon lavage tranquillement, j'passais les canneçons de ton père dans le tordeur en écoutant le radio, j'pense même que je chantais, pis ça sonne à' porte. J'avais pas le temps d'aller répondre, pis je pensais que c'était le p'tit gars de chez Provost qui venait livrer la viande, ça fait que je crie : «Entrez, c'est pas barré!» du plus fort que je peux en espérant qu'y m'entende, pis j'me replonge dans le tordeur. Là, y'a rien qui se passait, ça fait que j'me sus retournée. J'pensais que le p'tit gars de chez Provost était trop gêné pour venir jusque dans' cuisine... Pis que c'est que j'ai vu ressoudre dans ma salle à manger? Une police! Une police en uniforme! Dans ma salle à manger! Avec la casquette su'a' tête pis son gros manteau d'hiver! Nu-pieds parce qu'y' avait quand même eu la gentillesse d'enlever ses bottes dans le portique! Y'avait une police nu-pieds dans ma salle à manger, c'est pas rien, ça! Toi, évidemment, t'étais disparu dans ta chambre, ça fait que je pouvais pas savoir qu'y venait pour toi! Sais-tu c'que j'ai pensé? J'ai pensé que quelqu'un était mort! J'ai pensé que quelqu'un était mort! Ton père, ou ben donc un de tes frères, ou ben donc toi! Sais-tu c'qui s'est passé dans ma tête, hein, le sais-tu? Ça a peut-être duré juste que qu'secondes, je le sais pas, mais j'ai vu un cadavre, en dessous d'une couverte de laine carreautée, coupé en deux par un tramway ou ben écrapouti par un autobus, pis c'te cadavre-là, c'tait un de vous autres! Y'avait même une main qui dépassait, pis y fallait que je devine à qui c'était! Sais-tu c'que ça peut faire à une mère, ça? Hein? Réponds!

LE NARRATEUR. T'es ben dramatique, moman.

NANA. Réponds-moi pas sus ce ton-là! Attends qu'une police nu-bas me ramène coupée en deux en dessous d'une couverte de laine carreautée, mon p'tit gars, pis on va voir qui c'est qui est le plus dramatique dans nous deux! J'aurais pu me prendre le bras dans le tordeur, t'sais! Jusqu'au coude! Jusqu'en dessours des bras! Comme ta tante Gertrude!

LE NARRATEUR. Ma tante Gertrude...

NANA. Laisse faire ta tante Gertrude, pis écoute-moi, j'ai pas fini! J'tais là, devant la police, la bouche grande ouverte, pis un canneçon de ton père qui s'était pogné dans le tordeur pis qui arrêtait pas de tourner, pis j'avais l'impression que le plancher de la cuisine allait se défoncer, pis que j'me retrouverais étendue sur la table de la cuisine de madame Forget, en bas, avec des restants de sandwiches au balloney collés dans le dos! *(Le Narrateur rit.)* Ris pas, c'pas drôle!

LE NARRATEUR. T'as pas pensé aux sandwiches au balloney, moman, tu viens d'ajouter ça, là...

NANA. Y'étaient peut-être pas au balloney, mais j'les avais collés dans le dos pareil!

LE NARRATEUR. Moman...

NANA. Tais-toi pis écoute! Pour une fois que je prends la parole, ici-dedans! *(Le Narrateur secoue la tête en retenant un sourire.)* J'osais pas y demander qui c'est qui était mort, tu comprends, j'avais trop peur de m'écrouler là pis de mourir devant lui... Deux morts dans la même famille le même jour, c'est un peu trop! Ben non! Personne était mort! Y'avait juste... y'avait juste mon enfant insignifiant qui s'était fait arrêter comme un bandit de grand chemin parce qu'y s'amusait avec ses insignifiants d'amis à pitcher des gros morceaux de glace en dessous des voitures qui passaient dans' rue! Imagine si j'ai eu honte! Dix ans! Dix ans, pis déjà un bum! Sais-tu ce que j'ai pensé quand y m'a conté ça? Hein? Sais-tu ce que j'ai vu? *(Le Narrateur lève les yeux au ciel.)* Pis lève pas les yeux au ciel comme ça, j'tʼai dit cent fois comment c'que j'haïs ça quand tu fais ça! Pendant qu'y me contait ta... ta... ta mésaventure, là, j'tʼai vu pour le reste de tes jours en prison! J'tʼai vu en arrière des barreaux pour le reste de tes jours, mon p'tit gars! J'tʼai vu grandir, devenir un homme, te marier, avoir des enfants... *(Elle réalise ce qu'elle vient de dire.)* J'veux pas dire que tu te mariais pis que t'avais des enfants en prison, là, j'veux dire que tu passais le reste de tes jours à rentrer pis à sortir de prison, pis que... Ah, chus toute mélangée, là, j'sais que tu ris de moi, pis ça m'énarve! J'ai pas envie de passer le reste de mon existence avec un sac d'oranges dans une main pis un mouchoir dans l'autre tou'es dimanches après-midi, dans une salle de visite de prison, c'est-tu clair?

LE NARRATEUR. J'ai rien fait de ben grave, moman, énerve-toi pas comme ça... pis c'est pas juste à cause du morceau de glace que la police est venue...

NANA. Est venue pourquoi, d'abord? Juste pour me faire peur? Juste pour m'énarver?

LE NARRATEUR. Y tʼa pas conté ce qui s'était passé?

NANA. Y me l'a peut-être conté, mais y'aurait pu parler en chinois, ç'aurait faite pareil, j'étais assez énarvée...

LE NARRATEUR. Écoute, j'vas te conter ce qui est arrivé.

NANA. Fais ça vite. Tu donnes toujours trop de détails.

LE NARRATEUR. Mais j'veux pas que tu me punisses...

NANA. Ben ça, mon p'tit gars, tu me laisseras juge de ça, hein?

LE NARRATEUR. J'aurais dû me taire, aussi. Si tu l'as pas écouté, lui, tu sais pas c'qui s'est passé...

NANA, *l'air menaçant.* J'te promets que j'vas t'écouter, toi.

LE NARRATEUR. Ça va être beau après...

NANA. T'auras couru après. Vas-y, j't'écoute.

LE NARRATEUR. Hé, maudit!

NANA. Dis pas «maudit» devant moi! J't'ai déjà dit de pas maudire devant moi! Maudire, c'est aussi pire que de sacrer! Tu cours après le trouble, mon p'tit gars.

LE NARRATEUR. Chus pus sûr si j'ai ben ben envie de te conter tout ça.

NANA. Moi, j'ai le goût! Envoye!

LE NARRATEUR. C'est vrai que moi pis ma gang, on pitchait des morceaux de glace, bon... Mais on les pitchait pas en dessous des voitures qui passaient. On les pitchait en avant, avant que les voitures arrivent, pour voir comment les chauffeurs réagiraient, si y brakeraient complètement ou si y feraient juste ralentir... C'tait juste un jeu, moman... c'tait pas grave... La plupart du temps, les chauffeurs s'en rendaient même pas compte parce que les morceaux de glace étaient trop petits... À un moment donné, c'tait mon tour, j'ai pris un morceau un peu plus gros pour que le chauffeur de la voiture qui s'en venait le voye ben... pis Jean-Paul Jodoin m'a retenu le bras. J'me sus débattu, j'ai fini par me libérer, le morceau de glace est parti trop tard, y'a passé en dessous des roues d'en arrière de la voiture... pis le gars a pensé qu'y'avait écrasé un enfant.

NANA. Ah, c'tait donc ça, l'histoire de l'enfant écrasé! Y me semblait, aussi, qu'y'avait une histoire d'enfant écrasé! Y'est sorti de la voiture en pensant qu'y'avait écrasé un enfant, pis y'a juste trouvé un morceau de glace! J'comprends qu'y'a appelé la police! Peux-tu t'imaginer comment y se sentait? Hein? Peux-tu t'imagi-ner les secondes qu'y'a passées, c't'homme-là, à penser qu'y'avait passé su'l corps d'un pauvre tit-enfant qui essayait de traverser la rue ! Peut-être à quatre pattes ! Y'a peut-être pensé que c'tait un bébé échappé de sa mère qui traversait la rue à quatre pattes ! Mon Dieu ! Le pauvre homme ! T'es chanceux qu'y t'aye pas étranglé sur place ! C'est ça que j'aurais faite certain, moi, j't'aurais passé su'l' corps avec mon char ! Pis j'exagère à peine ! Ben laisse-moi te dire que tu vas payer pour ça longtemps, toi !

LE NARRATEUR. J'ai pas fait exiprès, moman !

NANA. Arrête de dire ça ! Si t'étais moins suiveux, aussi, y t'arriverait pas des affaires de même !

LE NARRATEUR. C'est la première fois que ça arrive !

NANA. C'est pas une raison ! T'es pas capable de penser par toi-même ? Hein ? T'es pas capable de t'en rendre compte quand tes amis disent des niaiseries, pis quand y font des niaiseries ? Faudrait que je soye toujours à côté de toi pour te donner des conseils, te dire fais ça, c'est correct, fais pas ça, c'est dangereux ?

LE NARRATEUR. Y'avaient déjà joué à ça pis y disaient que c'était le fun...

NANA. Ben oui, c'est ça, recommence comme t'à l'heure ! Si y te disaient que c'est le fun de se passer le cou dans le tordeur, tu les croirais !

LE NARRATEUR, *narquois*. C'est peut-être le fun de se passer le cou dans le tordeur !

NANA. Aïe ! Commence pas ça avec moi, ces p'tites jokes de smatte là ! Ça pognera pas aujourd'hui, j't'avertis ! Quand je pense au pauvre petit enfant écrasé en dessous des roues d'une grosse voiture... La pauvre mère !

LE NARRATEUR. Moman, y'en n'a pas eu, d'enfant écrasé...

NANA. Une chance ! Y manquerait pus rien que ça ! Un criminel dans' famille ! La honte ! La parenté ! Les voisins ! C'est pas une voilette que je serais obligée de porter, à' messe, le dimanche matin, c'est un masque à gaz ! La prochaine fois que tes amis vont parler de jouer à quequ' chose d'aussi niaiseux, là, pense à ta pauvre mère qui a pas envie de porter un masque à gaz à' messe, le dimanche matin, parce qu'a'l' a trop honte de son enfant de dix ans !

LE NARRATEUR. Arrête de dire que t'as honte de moi, j'haïs ça !

NANA. Chus quand même pas pour te dire que chus fière de toi, y'a un pauvre homme qui a failli faire une crise cardiaque parce que tu y'as faite accroire qu'y'avait écrapouti un enfant comme une galette ! J'comprends qu'y'a appelé la police ! J't'aurais réglé ton compte moi-même, moi, si j'avais été à sa place ! Pis laisse-moi te dire que c'est pas le morceau de glace qui aurait le plus souffert ! Ah, pis ça sert à rien de discuter avec toi, on finit toujours par tourner en rond, pis ça finit pus. Tout ce que je te demande, à l'avenir, c'est de réfléchir avant de poser des gestes niaiseux comme celui-là ! Pis si tes amis rient de toi parce que tu veux pas faire comme eux autres, dis-leur que t'aimes mieux pas être suiveux pis faire quequ'chose de ta vie que de faire tout c'qu'on te demande pour montrer que t'es smatte pis finir tes jours à Bordeaux !

LE NARRATEUR. Tu me voyais vraiment en prison ?

NANA. Avec un caluron su'a tête, pis un pyjama barré ! Pis j'te dis que t'avais le caquet bas !

Le Narrateur sourit.

LE NARRATEUR. La mère de Jean-Paul Jodoin m'a demandé, l'autre jour, oùsque je prenais mon imagination...

NANA. Tu y diras, la prochaine fois, que l'imagination, ça peut servir à prévenir ! J'aime mieux penser le pire pis être soulagée de ce qui m'arrive que de penser à rien pis être surpris des malheurs qui me tombent dessus ! En attendant, va chercher la commande chez Provost, ça a ben l'air que le p'tit gars est en vacances !

LE NARRATEUR. Tu me punis pas ? Tu disais, tout à l'heure, que t'étais pour me punir.

NANA. As-tu eu peur, quand l'homme est sorti de sa voiture ?

LE NARRATEUR. Ben oui.

NANA. Pis quand la police est arrivée ?

LE NARRATEUR. Encore plus.

NANA. Ben, t'as été assez puni pour aujourd'hui. La police, c'est la plus grosse punition ! *(Elle fait quelques pas vers la coulisse.)* Au fait, comment y'a fait, l'homme, pour savoir que c'était toi qui avais pitché le morceau de glace ?

LE NARRATEUR. C'est les autres qui m'ont vendu.

Elle le regarde quelques secondes.

NANA. J'pense que j'ai pas besoin de passer de commentaires là-dessus, hein ? Ça t'en dit assez sur la solidarité de tes amis ! *(Elle fait quelques pas vers la coulisse.)* Si l'homme nous poursuit en justice, je dirai que t'es pas mon enfant, que j't'ai adopté, que tes vrais parents étaient des bandits, pis que chus pas responsable de tes niaiseries. Pis compte pas sur moi pour aller te visiter à l'École de Réforme ! *(Elle se tourne encore vers lui.)* L'École de Réforme ! Tu sais ce que ça veut dire ?

Elle sort.

LE NARRATEUR. Ai-je besoin d'ajouter que la menace de l'École de Réforme a plané sur moi pendant toute mon enfance?

Nana revient.

NANA. C'est là qu'y prennent les insignifiants comme toi, les têtes folles, les têtes fortes, les têtes brûlées, les naïfs, les suiveux, qu'y leur rasent la tête, qu'y leur passent un pyjama fait avec une poche de patates, pis qu'y les mettent aux travaux forcés! Au lieu d'aller à l'école, y cassent des pierres avec des marteaux, imagine si c'est intéressant! Dans ton cas, je leur dirai que t'aimes mieux les morceaux de glace!

Elle sort.

LE NARRATEUR. Elle va revenir. Elle a quelque chose derrière la tête.

Nana revient.

NANA. J't'ai-tu déjà conté ce qui était vraiment arrivé à ta tante Gertrude?

LE NARRATEUR. Oui, moman, souvent.

NANA. Écoute ben ça. A' faisait son lavage comme moi, à' matin, pis 'est-tait rendue comme moi à passer son linge dans le tordeur. C'tait une machine moins moderne que la mienne, par exemple, la mienne est électrique, mais elle, y fallait qu'a' tourne une grande poignée avec la main droite pendant qu'a' glissait le linge mouillé dans le tordeur avec la main gauche. Tu me suis?

Elle mime les gestes qu'elle vient de décrire.

LE NARRATEUR. Ben oui, c'est clair.

NANA. Bon. A' dit qu'est-tait dans' lune, moi j'dis qu'est folle. En tout cas. Ça a l'air que le téléphone a sonné pis qu'a'l' a voulu finir de passer un pantalon de pyjama de ton oncle Alfred avant de répondre, mais que dans son énarvement – tu sais comment c'qu'a'l' est, toute l'énarve –, que dans son énarvement, a' s'est pogné le bout de la main gauche dans le tordeur. Jusque-là, c'est pas ben grave, ça nous arrive à toutes. Ça pince, on se retire la main, on souffle dessus, pis on continue. Mais elle, la folle, trop énarvée pour arrêter de tourner la poignée avec sa main droite ! Faut-tu être épaisse ! Ça fait qu'a' continue de crinquer comme une bonne pendant que le téléphone continue à sonner... pis a' se passe le bras dans le tordeur même pas automatique jusqu'à l'épaule ! Imagine, a' s'est elle-même crinqué le bras dans le tordeur ! Pis folle comme a'l' est, si ça avait été possible, chus sûre qu'a' se serait passé le corps au grand complet, pis que son mari, en revenant de travailler, l'aurait retrouvée dans le tas de linge, toute tortillée, pis mince comme une galette ! Aïe, y'ont été obligés d'y faire des points de soudure du bout de l'index jusqu'en dessours de l'épaule ! Quand a' venait ici, après ça, a' nous montrait son opération, pis moi j'aurais pu perdre sans connaissance tellement c'tait laid ! A'l' avait une couture, là, mon petit gars, ça montait, ça montait... ça passait par son gras de bras... t'sais comment c'qu'a'l' a le gras du bras mou... A'l' a juste à donner une petite tape dessus pis ça se met à branler comme une bolée de Jell-O... C'est ma belle-sœur, mais j'te dis qu'est pas toujours brillante, brillante...

Elle sort.

LE NARRATEUR. Ma tante Gertrude s'était à peine pincé le bout de l'index et du majeur, puis elle avait eu un bleu pendant quelques jours...

Nana revient.

NANA. As-tu toute cru c'que je viens de te conter?

LE NARRATEUR. Je savais que c'était pas fini.

NANA. J'te parle!

LE NARRATEUR. Non, moman, j'ai pas toute cru c'que tu viens de me conter.

NANA. Bon. O.K. T'es moins naïf que je pensais. Quand tes amis vont te conter des folleries, là, pis qu'y vont te faire des promesses à pus finir si tu fais c'qu'y te demandent, tu penseras à l'histoire de ta tante Gertrude. Tu diviseras toute par dix, pis ça va te donner une idée du vrai fun qui t'attend!

Le Narrateur sourit.

LE NARRATEUR. Des fois, y'a juste elle qui pouvait comprendre ses exemples.

Il sort un exemplaire de Patira *de Raoul de Navery, le pose sur ses genoux. Nana revient.*

NANA. T'as déjà fini?

LE NARRATEUR. Ça prend pas une éternité pour lire des livres comme ceux-là, moman...

NANA. T'en avais quand même trois à lire.

LE NARRATEUR. Une journée chaque, c'est assez.

NANA. C'tu assez beau, hein?

LE NARRATEUR. Ah, oui...

NANA. T'as pas l'air sûr...

LE NARRATEUR. Ah, c'est ben beau. Ben ben beau, mais...

NANA. Y'a pas de mais! C'est beau beau, point final! Moi, en tout cas, j'ai toute aimé! Ça fait que tu viendras pas critiquer ces livres-là devant moi, hein?

LE NARRATEUR. J'ai pas critiqué, moman, j'ai rien dit!

NANA. T'as encore rien dit, mais j'te vois venir!

LE NARRATEUR. Moman! J'ai dit que j'avais trouvé ça beau! Mais y'a des affaires que j'ai pas compris...

NANA. Ah! bon... Si c'est juste ça... Que c'est que t'as pas compris, donc? C'est facile à comprendre, pourtant.

LE NARRATEUR. L'histoire est facile à suivre, oui, mais... Comment ça se fait, donc, que dans les romans français y'a toujours des enfants abandonnés?

NANA. Pourquoi tu demandes ça? Y'en a-tu tant que ça?

LE NARRATEUR. Y me semble, oui. Dans *L'Auberge de l'Ange Gardien*, les deux enfants sont abandonnés, dans *Sans famille*, le petit Rémi est abandonné, dans les contes de fées, ça arrive souvent... Pis là, dans *Patira*...

NANA. Le pauvre p'tit Patira, y fait tellement pitié...

LE NARRATEUR. J'dis pas qu'y fait pas pitié, mais... Les Français, y'abandonnent-tu leurs enfants facilement comme ça? À lire leurs livres, on dirait que toutes les routes de France sont pleines d'enfants abandonnés qui crèvent de faim, pis qui sont sales comme des cochons...

NANA. C'est juste des livres...

LE NARRATEUR. Ben oui, je le sais que c'est juste des livres, mais je trouve que ça revient pas mal souvent...

NANA. C'est des livres qui se passent dans le passé... Peut-être que dans le passé, je le sais pas, moi, le monde abandonnaient plus leurs enfants qu'à c't'heure, en France, parce qu'y pouvaient pas les faire vivre...

LE NARRATEUR. Ben oui, mais ici aussi y'en a, des pauvres, pis on trouve pas d'enfants abandonnés à tous les coins de rue ! On abandonne pas ses enfants comme ça, voyons donc ! Voir si ça se peut ! Y se faisaient pas arrêter, c'te monde-là ?

NANA. Tant qu'à ça... Mais écoute... Y'a des livres, là, oùsque les mères abandonnent leurs enfants sur le parvis des églises. C'est sûr qu'y peuvent pas se faire pogner ! On peut pas demander à un bebé naissant de se rappeler de son père pis de sa mère ! Surtout quand la mère c't'une fille-mère qui l'a sacré là le lendemain de sa naissance !

LE NARRATEUR. J'comprends pas comment tu peux les défendre...

NANA. J'les défends pas, j'trouve ça aussi effrayant que toi, mais qu'est-ce que tu veux que je te dise ? J'essaye de trouver une explication ! Tu m'as posé une question, j'essaye de te trouver une réponse. Peut-être qu'y'a des enfants abandonnés dans les romans parce que c'est intéressant comme commencement d'histoire ! On veut savoir d'oùsqu'y viennent, pourquoi leurs parents voulaient pas d'eux autres... Le p'tit Patira, là, quand y'est abandonné par les saltimbanques qui l'avaient élevé sans savoir d'oùsqu'y venait, tu veux le savoir tu-suite d'oùsqu'y vient ! Ça fait que tu continues à lire le livre ! Pis je le sais-tu, moi, tu parles d'une question !

LE NARRATEUR. Si t'avais été pauvre, toi, tu m'aurais jamais abandonné sur le parvis d'une église !

NANA. J'étais pauvre, mon p'tit gars, crois-moi !

LE NARRATEUR. Tu vois !

NANA. J'ai peut-être juste manqué de courage !

LE NARRATEUR. Moman !

NANA. C't'une farce, voyons donc ! J't'aurais jamais abandonné, j't'avais trop voulu ! Avoir su, par exemple...

LE NARRATEUR. T'es donc drôle !

NANA. En tout cas, ici pis la France, c'est pas pareil !

LE NARRATEUR. C'est ça que je voulais savoir !

NANA. Fais-moi pas dire des affaires que j'ai pas dit, là !

LE NARRATEUR. Tu viens de le dire que la France pis ici c'est pas pareil !

NANA. J'ai pas voulu dire que les Français abandonnent tout le temps leurs enfants sur le parvis des églises, là, va pas répéter ça, j'te connais, tu peux aller bavasser ça partout, pis j'vas passer pour une méchante femme ! Les Français, y font peut-être ça juste dans les livres.

LE NARRATEUR. Les livres, c'est pas supposé de ressembler à ce qui se passe pour vrai ?

NANA. Tu joues avec ma patience, là...

LE NARRATEUR. J'joue pas avec ta patience, j'te pose une question !

NANA. Que c'est que tu veux que j'te réponde ? Chus pas une spécialiste de la littérature, moi ! J'me contente de lire des livres, de suivre l'histoire qu'on me conte, de brailler quand c'est triste, pis de rire quand c'est drôle. J'me pose pas des questions jusqu'à demain chaque fois que je finis une phrase ! J'me rendrais jamais au bout d'un chapitre ! J'sais quand une histoire est à mon goût ou non, pis j'lis le livre ou non, c'est toute ! J'm'en sacre, si les Français abandonnent leurs enfants ou pas, d'abord que l'histoire de Patira me fait pleurer ! Pis laisse-moi te dire que j'ai tellement pleuré en lisant *Patira* que je pensais d'avoir perdu dix livres quand j'ai eu fini, ça fait que j'étais très contente !

LE NARRATEUR. Tu pleures tout le temps en lisant, de toute façon.

NANA. J'aime les livres tristes.

LE NARRATEUR. T'étais servie, là !

NANA. J'comprends ! Quand la pauvre Blanche de Couette-Couenne...

LE NARRATEUR. Coëtquen, moman...

NANA. C'est ça que j'ai dit.

LE NARRATEUR. T'as dit Couette-Couenne...

NANA. J'me sus t'habituée à le lire comme ça, c'tait plus facile à retenir. En tout cas, quand la pauvre Blanche comme tu dis, là, a mis son enfant au monde dans les oubliettes du château parce que ses deux beaux-frères l'avaient enfermée là depuis six mois, les écœurants, pis que Patira est arrivé avec sa petite lime pour limer les gros barreaux, pis que Blanche a passé son bebé par le soupirail, pis que Patira a mis le bebé sur des joncs attachés ensemble qui faisaient comme un radeau, c'est ben simple...

LE NARRATEUR. Ça a pas d'allure, toute c't'histoire-là, moman...

NANA. Comment ça, ça a pas d'allure...

LE NARRATEUR. Ben, enfermer une pauvre femme enceinte dans les oubliettes en plein hiver...

NANA. Y'a pas de saisons pour les écœurants, tu sauras ! Y'étaient jaloux d'elle parce qu'y disaient qu'a l'avait *usurpé*, c'est leur propre mot, qu'a l'avait usurpé son titre de marquise, pis y voulaient s'en débarrasser à tout prix ! Y'étaient prêts à toute, pis y'ont toute faite !

25

LE NARRATEUR. Moman! Blanche de Coëtquen passe tout l'hiver enfermée dans des oubliettes tellement humides que l'eau coule sur les murs, a' dort sur une paillasse étendue sur une tablette de bois, a' mange juste du pain noir avec de l'eau croupie, y'a des inondations au printemps, l'eau froide y monte jusqu'au menton, a'l' a pas de linge de rechange, a'l' a pas d'éclairage, a' met un enfant au monde couchée sur sa tablette, sans docteur pour l'aider, a' lime les barreaux de sa prison avec une petite lime de rien, a' s'arrache les mains, a' saigne, a'l' a même pas de mercurochrome à mettre sur ses blessures, *pis a' meurt pas!*

NANA. Comment ça, a' meurt pas! Certain, qu'a' meurt! A' meurt à la fin du premier livre, pis c'est tellement triste que je pensais de jamais pouvoir m'en remettre!

LE NARRATEUR. Mais avant de mourir, 'est délivrée par une somnambule, a' retrouve son enfant *pendant* un feu qui est en train de les brûler, lui pis Jeanne, la folle qui le gardait sans savoir qui c'était – une autre! – est sauvée une deuxième fois par Patira... Pis a' meurt de sa belle mort en bénissant tout le monde, après avoir embrassé son enfant sur le front! Franchement!

NANA. Si t'as pas pleuré pendant c'te mort-là, mon p'tit gars, t'as pas de cœur!

LE NARRATEUR. Ben c'est ça, j'dois pas avoir de cœur!

NANA. Dis pas ça! T'es mon enfant, ça se peut pas que t'ayes pas de cœur! Quand a' se rend compte, juste avant de mourir, que ses cheveux sont devenus tout blancs pendant qu'est-tait enfermée, même si a'l' a juste *dix-huit ans*, j'ai pensé mourir moi aussi... Dis-moi pas que ça t'a rien faite?

LE NARRATEUR. J'trouvais que ça avait pas de bon sens. Dix-huit ans, pis les cheveux tout blancs! Voyons donc!

NANA. Même si ça avait pas de bon sens, c'tait triste pareil !

LE NARRATEUR. Ah, tu vois, tu le dis toi-même que ça avait pas de bon sens !

NANA. Ça aurait pas eu de bon sens dans la vie, c'est sûr, mais ça avait du bon sens dans le livre ! C'est ça qui compte ! Toutes les folleries que tu lis, là, les aventures de Biggles, pis les romans de Jules Verne, pis les Tintin, pis les Scarlet Pimpernel, penses-tu que ça aurait du bon sens, dans la vie ? Hein ? Non ! Pis tu y crois pareil !

LE NARRATEUR. Jules Verne, c'est basé sur la science, tu sauras ! Pas ça ! Aïe ! 'Est enfermée *dans* le château, c'est pas grand comme Montréal, un château, pis personne l'entend crier !

NANA. 'Est de l'autre bord du château, à l'autre bout du terrain, au fin fond des douves, *dans les oubliettes*, c'est très bien expliqué, essaye pas !

LE NARRATEUR. Pis y'a jamais personne qui va se promener par là !

NANA. Ben non ! C'est plein de trous d'eau, pis de bouette, pis de grenouilles, pis de bebittes...

LE NARRATEUR. Voyons donc ! A'l' aurait juste à crier au secours un peu plus fort, pis tout le monde l'entendrait !

NANA. Le monde l'entendent, aussi, quand a' crie, mais y pensent que c'est un fantôme ! T'as treize ans, pis tu sais pas lire ? Y pensent que c'est le fantôme de la Dame de Couette-Couenne ! Y'a une chanson, là-dessus, dans le livre, pis toute ! En as-tu passé des boutes, 'coudonc ?

LE NARRATEUR. Ben non.

NANA. Ben t'as compris que quand y l'entendent se plaindre, y meurent de peur !

LE NARRATEUR. Sont ben niaiseux, c'te monde-là!

NANA. Bon, ben on va arrêter de discuter, j'vas me fâcher!

LE NARRATEUR. Pis à part de t'ça, a' va pas aux toilettes, c'te femme-là?

NANA. Comment ça, a' va pas aux toilettes?

LE NARRATEUR. Simon, son geôlier, y y'apporte une cruche d'eau par jour, a' fait quand même pas pipi là-dedans! Pis... où c'est qu'a' fait caca?

NANA. Voyons donc, es-tu après virer fou? Y sont quand même pas pour nous dire dans les livres où c'est que le monde font caca!

LE NARRATEUR. Pourquoi pas? Tu t'es jamais demandé où c'est qu'a' faisait caca, elle, dans ses oubliettes?

NANA. Jamais! Ça m'intéresse pas pantoute!

LE NARRATEUR. Ça m'intéresse, moi!

NANA. Ben oui, toi pis ton père, vous êtes ben pipi, caca, crotte, poil, pet, zoune, on sait ça! Plus ça parle de ça, plus ça vous fait rire! Dans tes livres de Jules Verne, là, y le disent-tu oùsque le monde font ça?

LE NARRATEUR. Non, mais si les personnages sont perdus dans une forêt d'Amazonie, ou ben donc dans le fin fond des steppes de Russie, on peut toujours le deviner, c'est pas sorcier. Mais *elle*, moman! A' passe tout un hiver dans une oubliette humide! 'Est quand même pas constipée pendant six mois! Pis si 'est pas constipée, pis qu'a' fait ça dans le coin de sa prison, ça doit sentir mauvais que-qu'chose de rare au bout de quequ'semaines si Simon ramasse rien!

NANA. J'te permettrai pas de te moquer d'un de mes livres favoris de tous les temps, m'entends-tu?

LE NARRATEUR. J'm'en moque pas! J'aurais voulu avoir c't'information-là, c'est toute!

NANA. Ben pas moi! D'abord, ça m'est même jamais passé par l'idée que Blanche Couette-Couenne pouvait seulement faire ça! Pis comment tu veux que l'auteur nous dise ça? «Elle s'accroupit dans un coin et fit ses besoins? Le geôlier arriva ensuite avec une pelle et ramassa le tas?» C't'un roman, on n'a pas besoin de tout savoir ça! Quand t'as lu *Le Comte de Monte-Cristo*, l'année passée, pis que tu t'es pris pour Edmond Dantès pendant deux mois, pis que tu voulais te venger de tous les êtres humains que t'avais croisés dans ta vie, Alexandre Dumas le disait-tu oùsque son héros faisait ça, dans ses oubliettes à lui?

LE NARRATEUR. Ben non, c'est vrai.

NANA. Te l'es-tu demandé?

LE NARRATEUR. Ben non.

NANA. Tu vois! Tu te le demandes juste quand ça fait ton affaire! Tu te le demandes juste parce que c'est *Patira* pis que j'ai aimé ça! Pour me faire fâcher! Ben tu réussiras pas! T'es tellement de mauvaise foi, des fois!

LE NARRATEUR. Chus pas de mauvaise foi, moman, c'est juste la première fois que j'me pose cette question-là, c'est toute. De toute façon, toute c't'histoire de jalousie-là, de ses deux beaux-frères, là, j'y crois pas. Voyons donc!

NANA. Pourquoi pas?

LE NARRATEUR. Y l'ont jamais acceptée parce que c'était pas une vraie princesse, pis parce que c'est pas une vraie princesse, 'est pas digne de faire partie de leur famille! Tu crois à ça, toi?

NANA. Ben certain! Y'en a partout, des snobs! Y'en a même une juste à côté, un peu plus haut, sur la rue

Cartier! J'pourrais te donner son adresse! J'pourrais te donner son nom! Mais comme chus charitable, j'vas me taire! Ça se prend pour des princesses, ça prend des airs, ça se pavane, ça se déguise en messe du dimanche à l'année longue, pis ça oublie que c'est venu au monde en dessous du pont Jacques-Cartier, comme tout le monde!

LE NARRATEUR. T'es pas venue au monde en dessous du pont Jacques-Cartier, pourtant, toi, moman...

NANA. C'est vrai. Chus venue au monde dans le fin fond des plaines de Saskatchewan... Mais ça fait tellement longtemps que chus t'arrivée ici que j'me sens comme une vraie Montréalaise... Pis j'te dis que j'me prends pas pour une princesse! C'est une chose qu'on peut pas me reprocher! C'est pas comme d'autres...

LE NARRATEUR. De qui tu parles, donc?

NANA. Ah, laisse faire, c'est pas intéressant!

LE NARRATEUR. Ben, ça m'intéresse...

NANA. Je le sais trop ben que ça t'intéresse! D'abord qu'y'a un commérage quequ'part, toi... Laisse donc faire les histoires de princesses, là, pis concentre-toi donc sur les aventures de Patira!

LE NARRATEUR. C'est quoi, une vraie princesse, au juste?

NANA. Comment ça, c'est quoi une vraie princesse?

LE NARRATEUR. Ben, qu'est-ce qui fait qu'une princesse est une vraie princesse?

NANA. Ben, c'est la fille d'un roi pis d'une reine, c't'affaire! Tu sais ça aussi ben que moi!

LE NARRATEUR. Pis eux autres, ces parents-là, comment y savaient qu'y'étaient un vrai roi pis une vraie reine?

NANA. C'tait la même chose pour eux autres, leurs parents étaient nobles!

LE NARRATEUR. Ça veut dire quoi, leurs parents étaient nobles?

NANA. Tu lis des romans français à l'année longue, tu dois ben savoir c'est quoi des nobles, fais-moi pas parler! C'est du monde qui ont du sang bleu.

LE NARRATEUR. Du sang bleu!

NANA. Ben oui!

LE NARRATEUR, *dubitatif.* Quand y se coupent, ça sort bleu!

NANA. Ben non, c'est une façon de parler! C'est une expression, leur sang est pas vraiment bleu... Mais c'est du sang noble.

LE NARRATEUR. J'comprends pas.

NANA. Écoute. Chus pas spécialiste en Histoire de France, c'est plutôt l'Histoire du Canada qu'y nous montraient, en Saskatchewan, mais ça a ben l'air que... quand le premier roi de France est arrivé...

LE NARRATEUR. Comment y'a fait pour savoir qu'y'était le roi de France?

NANA. Écoute, c'est ça que j'essaye de t'expliquer! Si j'me souviens bien, c'tait un Louis. C'taient toutes des Louis, j'pense, les rois de France... Ça devait être Louis Un. Ou ben donc Louis Ier. En tout cas, le bon Dieu y serait apparu...

LE NARRATEUR. Le bon Dieu y'est apparu!

NANA. Ça a l'air.

LE NARRATEUR, *moqueur.* D'habitude, y'apparaît pas lui-même, y'en envoye d'autres à sa place... Sa Sainte Mère, ou ben donc les anges...

NANA, *commençant à perdre patience.* Ben oui, mais là c'tait spécial, c'tait pour le roi de France! Pis arrête de m'interrompre! En tout cas, y y'aurait dit qu'y l'avait choisi pour être le roi de France, pis qu'à partir de ce moment-là, pour être ben sûr qu'on les reconnaisse, lui pis ses descendants auraient du sang bleu!

LE NARRATEUR. Mais tu m'as dit qu'y'était pas vraiment bleu, leur sang!

NANA. J'essaye de t'expliquer que c'est une expression!

LE NARRATEUR. Ben oui, mais comment y font pour savoir si y'ont du sang bleu si y'est pas vraiment bleu!

NANA. Y le savent parce qu'y se le transmettent! De père en fils! Toi, tu portes le nom de ton père, ben t'aurais du sang bleu si ton père avant toi avait eu du sang bleu! Comprends-tu, là?

LE NARRATEUR. Ça fait que Blanche de Coëtquen, quand a' s'appelait encore Blanche Halgan, a'l' avait pas de sang bleu parce que son père était juste un capitaine de bateau?

NANA. C'est ça. Pis comme c'est mal vu pour les nobles – ceux qui ont du sang bleu – de se marier avec quelqu'un qui est pas noble, les deux frères de Tanguy de Couette-Couenne le prennent pas que leur frère ait marié une fille de capitaine de bateau plutôt qu'une fille plus importante!

LE NARRATEUR. Mais en le mariant, son sang venait pas bleu, à elle?

NANA. Ben non, c'est ça, l'affaire ! C'est pas le mari qui donne le sang bleu, c'est le père !

LE NARRATEUR. Pis leur enfant qui est venu au monde dans les oubliettes, y'avait du sang moitié-moitié ? C'est ben niaiseux, c't'affaire-là !

NANA. C'est pas niaiseux, ça vient du bon Dieu !

LE NARRATEUR. Franchement ! Moi, là, j'aurais juste à dire que le bon Dieu m'est apparu pour me dire qu'y me consacrait roi du Canada, pis mon sang deviendrait bleu ?

NANA. Fais-toi-s'en pas, si tu disais ça, personne te croirait !

LE NARRATEUR. C'est justement ! Pourquoi y l'ont cru, lui ?

NANA. Parce que lui, c'tait vrai !

LE NARRATEUR. Ça pourrait être vrai pour moi aussi !

NANA. Chus ta mère, je le saurais que c'est pas vrai. Les mères, ça sait toute !

LE NARRATEUR. Y devait ben avoir une mère, lui aussi ! Elle, a'l' l'a cru, pis toi tu me croirais pas !

NANA. Peut-être que lui, je sais pas, moi, c'tait un héros, qu'y'avait sauvé son pays des voleurs pis des bandits, de la peste, pis des dragons ! Toi, t'as rien sauvé pantoute !

LE NARRATEUR. Donne-moi le temps !

NANA. Bon, arrête de me faire marcher, là.

LE NARRATEUR. Ben oui, mais tu crois toute c'qu'on te dit dans les livres !

NANA. Ben laisse-moi te dire que c'est ben plus intéressant que de discuter avec toi !

LE NARRATEUR. C'est comme tes histoires de ma tante Gertrude, ça, moman, faut en prendre pis en laisser!

NANA. Depuis que t'es au monde que tu poses des questions, on vient qu'on sait pus quoi inventer!

LE NARRATEUR. Ah, ah! Tu le dis, là, que t'en inventes des boutes!

NANA. Si je mettais bout à bout toutes les réponses que j'ai inventées depuis ta naissance pour répondre à tes questions, j's'rais peut-être une grande romancière, aujourd'hui! Pis j'f'rais une fortune! Pis laisse-moi te dire qu'on resterait pas enfermés sur la rue Cartier en face du couvent Mont-Royal ben longtemps!

LE NARRATEUR. Justement, tiens, les filles qui vont au couvent Mont-Royal, moman, c'est des filles qui sont riches, non?

NANA. J'comprends! On a rien qu'à voir les voitures qui viennent les mener, le dimanche soir!

LE NARRATEUR. Y'ont-tu du sang bleu?

NANA. Ben non! Y'a personne qui a du sang bleu en Amérique! Juste en Europe.

LE NARRATEUR. Pourquoi?

NANA. Je le sais-tu, moi! Peut-être parce que y'existent depuis plus longtemps que nous autres. Si on avait été là avant, peut-être qu'on en aurait, nous autres aussi, des sangs-bleus!

LE NARRATEUR. Toi, par exemple, tes grands-parents, c'taient des Cris de Saskatshewan...

NANA. Du côté de moman, oui.

LE NARRATEUR. Pis ça faisait longtemps qu'y'étaient installés ici quand les Européens sont arrivés...

NANA. J'comprends...

LE NARRATEUR. Comment ça se fait, d'abord, que le bon Dieu leur est jamais apparu pour leur dire qu'y'avaient du sang bleu ? Y'est apparu rien qu'en Europe ? J'trouve que c'est pas juste, moi ! Y devait ben exister un Cri, quequ'part, qui méritait d'être consacré noble comme ceux de l'autre bord !

NANA. C'est vrai, au fond, que c'est pas juste. Tant qu'à ça, t'as ben raison. Mais que c'est que tu veux, ça vient du Bon Dieu, pis les Cris connaissaient pas le bon Dieu. Ou c'est peut-être lui qui les connaissait pas.

LE NARRATEUR. C'est les Européens qui disent ça, que ça vient du bon Dieu. On est-tu obligé de les croire ? Le bon Dieu t'est-tu apparu, à toi, pour te dire que c'tait vrai, qu'y'avait dit à tous les premiers rois d'Europe qu'y'avaient du sang bleu ?

NANA. Ben oui, mais ça fait tellement longtemps que c'est arrivé, y doivent ben avoir des preuves, depuis le temps !

LE NARRATEUR. On les a jamais vues, ces preuves-là.

NANA. Es-tu en train de me dire que le premier, là, Louis Un, là, y'aurait toute inventé ça juste pour devenir roi de France, pis que tous ceux qui l'ont cru étaient des niaiseux ? Que les rois de France étaient des *usurpateurs* ! Jusqu'à la Révolution française ?

LE NARRATEUR. Je le sais pas, j'dis ça juste comme ça...

NANA. Que tous les Louis, jusqu'à Louis... y'en a eu combien, déjà ? En tout cas, qu'y'étaient toutes des menteurs ? T'es ben Thomas, donc ! De toute façon, y'en a pus de roi, en France. Ça règle la question.

LE NARRATEUR. Mais y'en a encore, des nobles.

NANA. Tant qu'à ça...

LE NARRATEUR. Pis y'a plein de sangs-bleus.

NANA. Pas plein, mais y'en reste.

LE NARRATEUR. Y'en a plein dans le *Paris-Match*.

NANA. Tant qu'à ça.

LE NARRATEUR. Y'a même une reine en Belgique. Pis une belle reine toute neuve en Angleterre.

NANA. Ben oui, ma belle princesse Elizabeth que j'aime tant qui est rendue reine! Si jeune! Pis sa sœur, la princesse Margaret-Rose, est-tu belle, la vlimeuse! Viens pas parler contre eux autres, j'les aime assez! Y'ont beau avoir du sang bleu, sont pas snobs pour deux cennes, ces deux-là! Ça sait se tenir, ça sait parler en public, pis j'te dis que ça sait porter la couronne! Y méritent d'être nobles, c'est moi qui te le dis!

LE NARRATEUR. Essaye pas de changer la conversation, moman, je le sais que tu les aimes, la famille royale anglaise, t'arrêtes pas de parler d'eux autres comme si t'avais été élevée avec! Si j'te suis bien, là, le premier roi d'Angleterre, là, le bon Dieu y'est apparu à lui aussi?

NANA. Ça doit.

LE NARRATEUR. Pis y y'a dit la même chose qu'à l'autre?

NANA. J'suppose, oui.

LE NARRATEUR. En anglais!

NANA. Si y'avait parlé en français à l'autre, y'a ben dû y parler en anglais à lui! Pis en espagnol pour le roi d'Espagne. Pis en italien... 'coudonc, y'a-tu un roi, en Italie?

LE NARRATEUR. Y'en connaît, des langues!

NANA. C'est le bon Dieu! C'est lui qui les a inventées à la tour de Babel!

LE NARRATEUR. Y crois-tu vraiment, à tout ça?

NANA. J'commence à me poser des questions, là, sais-tu... J'avais jamais pensé à ça de c'te façon-là. Tant qu'à ça, y devait ben y'avoir un Cri qui méritait ça, lui aussi.

LE NARRATEUR. Donc, si on remonte jusqu'au premier roi de France, la noblesse, ça se mérite!

NANA. Ben oui!

LE NARRATEUR. Comme ça, Blanche de Coëtquen aurait mérité d'avoir du sang bleu quand a'l' a marié Tanguy, même si 'est-tait pas venue au monde avec...

NANA. Ben certain!

LE NARRATEUR. Pis les deux beaux-frères, Florent pis Gaël, étaient des écœurants qui méritaient pas de vivre parce qu'y faisaient souffrir leur pauvre belle-sœur!

NANA. J'comprends! C'est ça que j'te dis depuis tout à l'heure!

LE NARRATEUR. *Sang bleu ou non...*

NANA. Certain, pis j'te dis que j'étais contente quand y'ont payé pour leurs crimes! J'ai embrassé le livre, je l'ai serré contre mon cœur...

LE NARRATEUR. Comme ça, peut-être que la Révolution française c'tait bon, après tout...

NANA. Ben certain que c'était bon! J'ai jamais dit le contraire! Le pauvre monde crevait de faim pendant que les nobles, les sangs-bleus, se bourraient la face! Marie-Antoinette se bourrait de pâtisseries viennoises pendant que le peuple criait comme un perdu aux portes de Versailles, avec des pelles, pis des faux, pis des fouettes, pis des torches! On a toute vu ça, dans le film avec Norma Shearer! Mais pourquoi tu parles de la Révolution française, tout d'un coup? Ça a rien à voir!

LE NARRATEUR. Parce que Raoul de Navery dit le contraire dans *Le Trésor de l'abbaye*, la suite de *Patira*... C'est toi qui en as passé des bouts, là... Y décrit les révolutionnaires comme des monstres sanguinaires, sont toutes bossus, pis laids, pis difformes, pis borgnes, pis boiteux, y puent comme le yable, pis y tuent toutes les pauvres sangs-bleus... Tout ce qui les intéresse, c'est de prendre leur place...

NANA. Bon, là, écoute, là, on recommence pas ça... On a assez discuté, là, après-midi, on réglera le cas de la Révolution française une autre fois, veux-tu? On passera au volume deux demain! Quand on commence à discuter avec toi, on sait pus quand ça va finir!

LE NARRATEUR. J'ai de qui tenir...

NANA. Pardon?

LE NARRATEUR. J'ai rien dit...

NANA. Si t'as rien dit, tu l'as dit fort, parce que j't'ai entendu!

LE NARRATEUR. Pourquoi tu m'as demandé de le répéter, d'abord?

NANA. Pour voir si t'avais du courage! Pour voir si tu méritais du sang bleu! T'as pas passé l'examen, tu viendras jamais roi, ça fait que va donc faire les commisssions chez Steinberg, y reste rien pour le souper. En tout cas, la prochaine fois que j'vas lire un bon livre, j'te le dirai pas! J'vas le garder pour moi, comme ça j'vas être sûre de pouvoir continuer à l'aimer! *(Elle se retourne pour sortir, puis revient vers lui.)* Au fait, pendant que t'es dehors, profites-en donc pour aller chez Shiller's porter ces boutons-là. Sont trop grands pour les boutonnières de ton père. Tu y redemanderas mon argent. Pis si y te pose des questions, tu diras : «La femme fait dire qu'a' n'en veut pas!»

LE NARRATEUR. J'haïs ça, quand tu me demandes de faire ça!

NANA. Pourquoi?

LE NARRATEUR. Penses-tu qu'y le sait pas, que c'est ma mère qui m'envoie? Y'est pas fou, y me reconnaît!

NANA. J'espère que tu y'as jamais dit!

LE NARRATEUR. Tu m'as toujours dit de pas conter de mensonges!

NANA. Ben, c'est pas un mensonge, ça.

LE NARRATEUR. Moman! C'tu vrai? Non. Ben, c'est un mensonge.

NANA. Ben, chus t'une femme, non? «La femme fait dire qu'a' n'en veut pas.», ça dit pas si c'est ta mère ou une autre femme. Chez nous, en Saskatchewan, ça s'appelait *a little white lie.* C'est des petites menteries pas graves qu'on conte pour se protéger.

LE NARRATEUR. Pour se protéger?

NANA. Écoute, si tu dis : «Ma mère fait dire qu'a' n'en veut pas», y va t'envoyer promener, pis je reverrai jamais mon argent. Mais si tu dis : «*La femme* fait dire qu'a' n'en veut pas», y peut pas savoir si c'est vraiment moi ou une autre femme qui t'a arrêté su'a rue pour te demander de faire une commission pour elle, pis y va se sentir obligé de te rembourser!

LE NARRATEUR. Mais y'est pas fou, y le sait ben que c'est toi qui m'envoies!

NANA. Je le sais, mais moi non plus, chus pas folle! Comme y peut pas être vraiment sûr, y te remet mon argent, c'est moins compliqué pour lui pis c'est moi qui gagne sur toute la ligne !

LE NARRATEUR. Hé, maudit !

NANA. Aïe ! Qu'est-ce que je t'ai dit ! Pas de sacrage dans' maison !

LE NARRATEUR. Dire maudit, c'est pas sacrer.

NANA. Dans ma maison, oui ! Pis tant que t'es dans ma maison, tu suis *mes* règlements !

LE NARRATEUR. Mautadit, d'abord !

NANA. C'pas mieux. T'as juste à enlever le « ta » pis ça donne maudit.

LE NARRATEUR. Ben, sautadit ? Saudine ? Soda ? Qu'est-ce qui ferait ton bonheur ?

NANA. Soda, c'est correct. C'est assez loin de maudit. Envoye, va promener tes jambes qui poussent trop vite sur la rue Mont-Royal, là, pis arrête de raisonner... Arrête de te faire aller la jarnigoine, là, pis fais aller tes jambes, un peu, ça va te faire du bien. Ça va nous faire du bien à tous les deux ! V'là la liste pour le souper, j'ai toute écrit comme faut, pis v'là les boutons pour échanger. Oublie pas : « La femme fait dire qu'a' n'en veut pas... » *(Elle rit.)* Bonne chance !

Elle sort en riant.

LE NARRATEUR. Hé, calvaire !

Elle revient.

NANA. J'ai ben jonglé, la nuit passée. J'ai eu de la misère à m'endormir. Tourne d'un bord, pis tourne de l'autre... Je r'gardais l'heure aux dix minutes pis j'me disais que j'aurais de la misère à me réveiller à matin... J'pensais au téléthéâtre qu'on a regardé ensemble, hier soir. C'est vrai que c'tait beau en titi, hein. Les décors... les costumes... Toute comme en Russie au siècle passé. Pis c'tait une ben belle hisoire... Aïe, pour me faire coucher à c't'heure-là un dimance soir... Mais... c'est drôle... Je sais pas... c'tait la première fois que je pensais à ça... J'me sus couchée à côté de ton père qui ronflait pas pour une fois, pis pour une fois que j'aurais pu m'endormir tu-suite sans être obligée d'y sâprer des coups de pieds... j'pensais à Huguette Oligny! T'sais, on en parlait avant d'aller se coucher, mais j'ai continué à y penser : c'te femme-là a parlé pendant presque deux heures et demie sans jamais s'arrêter! Pis envoye que je change de costume, pis envoye que je donne des partys, pis que j'aye une scène avec l'un, pis que j'aye une scène avec l'autre... A'l' a ri, a'l' a pleuré, a' s'est chicanée, a' s'est réconciliée, a'l' a eu des scènes d'amour, a'l' a faite la coquette, a'l' a faite la dramatique, a'l' a pas arrêté! Tu me disais que c'tait toute faite en direct, comme au théâtre, que c'tait pas filmé, que pendant qu'on la regardait, a' jouait dans un studio, quequ'part sur la rue Dorchester... Qu'a' changeait de décor en se cachant, en faisant le tour des caméras, qu'a' changeait de costume pendant que les autres avaient des scènes pendant qu'a' se changeait de costume... Pis... Je sais pas... Ça m'était jamais passé par l'idée, mais... C'est peut-être parce que t'as commencé à écrire des pièces que tu veux pas me faire lire... J'comprends, là, aie pas peur, à seize ans, c'est normal qu'on dise pas toute à sa mère... Mais c'est pas à ça que je pensais, c'est à Huguette Oligny... Pis j'me disais... C'est qui, Huguette Oligny? J'sais pas si tu vois c'que j'veux dire... On la voit toujours... 'Est toujours déguisée en quelqu'un d'autre quand on la voit... Hier, c'tait une femme russe, l'année passée, c'tait dans la pièce en vers, là, t'sais, comment ça s'appelle, a' portait toujours la même grande jaquette pis ça se passait en Grèce...

En tout cas. Des fois 'est comique, des fois 'est drôle, a'l' a toujours ben du texte à dire... mais c'est qui, *elle*? J'veux dire elle dans la vie? J'sais qu'est mariée, mais quand je vois un portrait d'elle dans le *RadioMonde*, avec son mari pis ses enfants, j'y crois moins que dans *Un mois à la campagne*, hier soir. C'est drôle, hein? C'est là que j'ai l'impression qu'a' joue un rôle! On se demandait, hier, comment c'qu'a'l' avait faite pour tout apprendre ça par cœur, deux heures et demie de parlage, comme ça, mais moi j'ai été plus loin que ça, j'me sus demandé... où c'est qu'a'l' était, quand a'l' a tout appris ça par cœur? J'sais ben qu'a' devait être chez eux, a' doit ben avoir une maison comme tout le monde, mais où c'est qu'a'l' est, quand a'l' apprend tout ça par cœur? Est-tu dans un sofa, est-tu dans son lit, dans son bain? Est-tu après faire à manger? Après faire sa vaisselle? C'est-tu facile? A'l' a-tu de la misère? A'l' a-tu quelqu'un pour l'aider? A' parle-tu fort? A' murmure-tu dans sa tête? A'l' aime-tu ça, apprendre son texte, ou ben donc si a'l' haït ça pour tuer? J'te dis que je tournais dans mon lit! Ton père s'est réveillé, à un moment donné, pis j'ai été obligé d'y donner des tapes parce qu'y'avait allumé une cigarette. Tu sais comment c'que j'haïs ça quand y fume au lit... Y s'est rendormi, toujours, pis j'ai continué à jongler. Tout le temps qu'y pratiquent leurs pièces, là, les acteurs, où c'est qu'y sont? Sont-tu dans le studio? Y'ont-tu leurs costumes? Pis comment y font ça? Comment ça se passe? J'avais jamais pensé à ça, comprends-tu? Je regarde tout ça comme si ça venait de nulle part pis que ça retournait nulle part! J'ferme la télévision, pis y'a pus rien de tout ça qui existe. C'est vrai! j'me sus rendu compte que pour moi, les acteurs, y'existent juste quand j'les vois à la télévision! Quand Huguette Oligny a eu fini sa grande pièce de deux heures et demie, hier soir, a'l' a arrêté d'exister pour nous autres, même si on a continué à parler d'elle! En tout cas, pour moi. Comme si ta tante Gertrude pis ton oncle Alfred arrêtaient d'exister quand y partent après la partie de cartes du samedi soir. R'marque que y'a des fois que ça me dérangerait pas, y m'énervent assez, mais en tout cas. Que c'est qu'a'l' a faite, Huguette Oligny, hier soir, quand a'l' a eu fini de toute se démaquiller, pis de toute se déshabiller? 'Est-tu sortie avec les acteurs avec qui a' venait de jouer, ou ben donc y'étaient-tu toutes trop fatiqués? A'l' a-tu une voiture? La femme qui venait de porter des si belles robes d'époque a-tu pésé su'l gaz pour arriver chez eux plus vite? C'te femme-là rentre dans ma maison depuis que la télévision existe, sa voix était déjà là, avant, dans les radioromans ou le théâtre Ford, le jeudi soir, pis j'sais pas qui c'est! Pis... c'est drôle, hein... ben tard, là, dans la nuit, j'me sus demandé si a' se posait la même question à mon sujet. Faut-tu être folle! T'sais, sont là, y rentrent chez nous tou'es soirs... Écoute, va pas penser que je pense qu'y nous voyent, là, tu sais que chus pas niaiseuse comme ceux qui s'habillent propre pour regarder *L'Heure du concert*, le dimanche soir, parce qu'y pensent que Jean Deslauriers peut les voir! Non, non, non! Mais j'me disais: si j'me demande qui a'l' est, elle, a' se demande-tu, elle, qui chus, moi, des fois? A' pense-tu à moi? J'veux dire, pas à moi personnellement, a' me connaît pas, mais à ceux qui la regardent passer un mois à la campagne ou ben mourir dans une jaquette grecque? Y pensent-tu à nous autres, des fois? Y nous voyent pas, mais y'ont la caméra devant eux autres, y savent ben qu'y rentrent directement chez nous... Y se demandent-tu: «Où c'est qu'y sont? Dans leur salon? Dans leur salle à manger? Combien y sont? Y'ont-tu de la visite? Y parlent-tu en même temps que nous autres? Y vont-tu aux toilettes pendant les plus belles scènes?» Ou ben donc on est-tu comme un grand trou noir vide devant qui y se démènent juste pour gagner leur vie? J'sais pas si chus claire... J'veux dire... Eux autres, y'existent parce qu'on les voit, même si y sont pas en couleurs, mais nous autres, on existe-tu pour eux autres ? Même ceux qui jouent au théâtre, y savent qu'y'a du monde dans la salle, c'est vrai, mais y se demandent-tu c'qu'y font, après ? Y'arrêtent-tu d'exister eux autres aussi en sortant du théâtre ? Pis ceux qui jouent à la télévision, pis au radio, pis qui sont jamais en contact avec nous autres, y'oublient-tu complètement qu'on existe ? Tu dois penser que chus folle de penser des affaires de même, hein ? Mais, tu vois, j'tais couchée à côté de mon mari, cette nuit, j'pensais à Huguette Oligny, si bonne actrice pis si belle dans ses belles robes, pis j'me disais que j'aimerais ça savoir qu'a' pense à moi, des fois, quand 'est couchée à côté du sien. J'aimerais ça être importante dans sa vie à elle comme 'est importante dans ma vie à moi. Mais c'est peut-être trop demander. J'ose pas te demander c'que t'en penses, j'sais que tu veux traverser de l'autre côté, faire partie de leur monde, j'ai vu ça depuis longtemps... Quand tu seras là, si jamais tu réussis à y aller, pense à ça pis essaye de me trouver une réponse...

Elle sort.

LE NARRATEUR. Elle n'a jamais connu la coulisse d'un théâtre ni un studio de télévision, elle n'a jamais assisté à une répétition, à une parade de costumes, à une générale, à une première. Elle est partie sans savoir comment tout ça se faisait. C'est un des plus grands regrets de ma vie. J'aurais aimé lui présenter madame Oligny pour que la possibilité que madame Oligny pense à elle de temps en temps existe.

Nana revient.

NANA. Je l'ai toujours dit, y'a rien à l'épreuve de c'te femme-là ! Rien ! J'sais pas comment a' fait son compte, j'la vois jamais venir, c'est pas compliqué, j'la vois jamais venir! A' me tricote ça derrière le dos, pis moi, l'épaisse, j'm'en rends pas compte! Jamais! Pis ça fait au-dessus de trente ans que ça dure! *A' finit toujours par se faire inviter à souper!* Comprends-tu ça, toi? Vient toujours un moment oùsque j'm'entends y dire: «Pourquoi vous v'nez pas souper, samedi soir?» Pourquoi j'dis ça? J'me sens-tu obligée parce que son mari est le frère de ton père? J'dis-tu ça juste pour me débarrasser d'elle au téléphone parce qu'a' parle trop fort? Je le sais pas! Un mystère! A'l' a peut-être des dons d'hypnotiseur avec sa voix, pis je le sais pas! Ça vient encore d'arriver, juste là, imagine-toi donc! A' m'appelle soi-disant pour me dire bonjour, j'me dis: «On sait ben, c'est jeudi, samedi est pas loin, y faut que je fasse attention!» Comme de faite! Je sais pas trop c'qu'a' m'a conté, comment a'm'a enfirouâpé ça, mais j'ai fini par m'entendre dire la sautadite de phrase, pis y viennent encore souper samedi soir! Chus encore pognée avec ta tante Gertrude, ton oncle Alfred, pis leur ennuyante fille Lucille pour souper samedi! J'sais que tu l'aimes, ta cousine Lucille, toi, mais moi, c't'enfant-là me tire l'agressivité du corps!

LE NARRATEUR. C'est pus une enfant, moman.

NANA. T'as quoi, là, toi? Dis-huit? Ben, a'l' a dix-sept ans, c'est vrai que c'est pus une enfant. C't'encore pire!

LE NARRATEUR. J'sais qu'a' t'énerve parce qu'a'l' a des tics, mais...

NANA. Des tics? C't'enfant-là est un véritable arbre de Noël qui clignote à l'année! Pendant l'âge ingrat, quand a' partait d'ici avec ses parents, j'faisais des grimaces pendant des heures!

LE NARRATEUR. Moman...

NANA. Quoi, moman?

LE NARRATEUR. Tu m'as promis de moins exagérer quand tu parles.

NANA. J'ai essayé, pis c'est plate pour crever la bouche ouverte! Les affaires sont jamais assez intéressantes pour qu'on les conte telles quelles, voyons donc! Rien qu'a' penser que j'vas les voir arriver samedi soir, j'ai envie de faire ma valise pis de partir pour la planète Mars. C'est-tu trop comme exagération, ça?

LE NARRATEUR. C'est pas mal...

NANA. Si j'éxagérais pas, tu me trouverais plate!

LE NARRATEUR. C'est vrai...

NANA. Ben laisse-moi faire. Là, ton oncle Alfred va prendre la place de ton père, au bout de la table, pis ton père va être trop lâche pour y dire, y va allumer sa maudite pipe qui sent le yable qui s'est pas lavé depuis la venue du divin Messie, pis y va nous parler de Fernandel! C't'homme-là a juste un sujet de conversation, *Fernandel*! As-tu déjà vu ça, toi? Les hommes de son âge, j'sais pas, moi, y parlent de Marilyn Monroe ou ben de Lana Turner ou ben du hockey, mais lui y nous parle de Fernandel! Quand y commence à nous conter le dernier film de Fernandel qu'y'a vu, j'sais pas si tu t'en es déjà rendu compte, mais moi j'sors! J'vas faire semblant de brasser quequ'chose dans' cuisine ou ben j'dis que j'ai un téléphone à faire, pis j'me retrouve à demander des nouvelles à personne au bout de la ligne, mais y faut que je fasse quequ'chose, sinon j'vas y grimper dans' face! Y parle comme Fernandel, y fait les même gestes de moumoune que Fernandel, pis y *chante* comme Fernandel! Ah, quand y commence à chanter avec son accent marseillais... Écoute, j'fais juste en parler pis j'ai des chaleurs! Si y nous conte pis y nous mime encore une fois «Cœur de coq», j'fais une crise tellement grande qu'y vont m'entendre jusqu'à Ausable Chasms!

Ils rient tous les deux.

NANA. Chus pas mal drôle aujourd'hui, hein ?

LE NARRATEUR. Oui, t'es particulièrement en forme !

NANA. Faut ben, sinon j'exploserais.

LE NARRATEUR. T'exploserais comment ? D'habitude, t'ajoutes une image...

NANA. Attends... *(Toute fière d'elle :)* J'exploserais comme un Presto qui est resté sur le rond du poêle trop longtemps, pis vous seriez obligés d'aller me décoller du plafond !

Ils rient de plus belle.

NANA. Ah, ça fait du bien ! Écoute, j'veux ben croire que ton oncle Alfred c'est le frère de ton père, mais laisse-moi te dire que c'est pas lui qui a accroché les lanternes après le derrière des mouches à feu !

Ils se tordent de rire.

NANA. C'est monsieur Gagnon de Saint-Pacôme, un ami de tes grands-parents paternels, qui disait ça. C'est drôle, hein ?

LE NARRATEUR. C'est pas mal beau, oui. J'vas m'en servir, un jour.

NANA, *plus sérieuse.* J'en doute pas. Faudrait qu'on s'en reparle de ça, d'ailleurs... Pis elle ! ELLE ! Ça fait trente ans qu'a' vient manger ici, pis sais-tu c'qu'a' me dit, en partant, depuis quequ'temps ?

LE NARRATEUR. Ben oui, mais...

NANA. « Le thé était bon ! » Le thé ! A' me fait l'honneur d'aimer mon thé !

LE NARRATEUR. C't'une farce qu'a' fait, moman...

NANA. Une farce qui dure trois ans, mon p'tit gars, ça s'appelle une maladie! Son mari avec Fernandel, elle avec son thé, pis leur fille avec ses grimaces, j'te dis que ça fait une jolie maisonnée! Y doivent pas rire comme nous autres tou'es jours!

LE NARRATEUR. Tu fais toujours du roast beef quand y viennent...

NANA. Mon roast beef a la réputation d'être le meilleur à l'est des Rocheuses, tu sauras!

LE NARRATEUR. Oui, mais tu le fais saignant... Peut-être qu'a'l' aime ça plus cuit, je sais pas...

NANA. Ça veut dire quoi, ça? A' t'en a-tu déjà parlé?

LE NARRATEUR. Ben non...

NANA. Réponds-moi franchement, là. Ta tante Gertrude s'est-tu déjà plainte de mon roast beef!

LE NARRATEUR. J'te dis que non... J'te dis juste qu'y'a sûrement du monde qui aime ça plus cuit...

NANA. R'garde-moi donc, là, toi... Parles-tu de toi, là?

LE NARRATEUR. Ben...

NANA. T'haïs mon roast beef depuis dix-huit ans, pis tu me l'as jamais dit!

LE NARRATEUR. J'ai pas dit que j'haïssais ton roast beef, moman...

NANA. Tu manges du roast beef qui t'écœure depuis dix-huit ans, pis t'as jamais eu le courage de me le dire!

LE NARRATEUR. Moman, tu dis tellement de bien de ton roast beef depuis toujours que c'est difficile de te contredire!

NANA. J'en reviens pas! Y'aime pas mon manger! *(Elle porte la main à son cœur.)* Y va me faire mourir. Mes patates, elles, sont-tu assez cuites? Mes petits pois sont-tu assez chauds? Mes carottes sont-tu coupées trop gros? Mon gravy est-tu assez épais? Y'a-tu trop de thé dedans? Y'a-tu quequ'chose que je fais comme faut, ou ben si toute est comme mon roast beef, pas mangeable?

LE NARRATEUR. Moman, j'ai pas dit que j'aimais pas ton manger... Hé que c'est difficile de discuter avec toi!

NANA. T'iras manger chez tes amis qui mangent des sandwiches au balloney à l'année longue, mon p'tit gars, pis j'te dis que tu vas t'ennuyer de ta mère!

LE NARRATEUR. Moman, écoute-moi, là. J'voulais juste dire que à mon goût, à mon goût à moi, tu fais pas rôtir ton roast beef assez longtemps. C'est toute! Y'a rien d'autre! Y'a pas de problème! Y'a pas de drame!

NANA. Ben oui, mais ton père aime ça quand le sang pisse dans l'assiette!

LE NARRATEUR. J'veux ben croire, mais on n'est pas toutes obligés d'avoir les même goûts que lui! T'as pas aussitôt refermé la porte du four que tu le ressors, moman!

NANA. R'garde qui c'est qui exagère, là!

LE NARRATEUR. C'est vrai! Tu le mets, quoi, une demi-heure à 400? L'extérieur est tout brûlé, pis l'intérieur est encore vivant!

NANA. Demande-moi l'entame, c'est toute!

LE NARRATEUR. Écoute... Quand j'étais petit, j'étais le plus jeune de toutes les familles qui fréquentaient la maison, c'qui fait que, le samedi soir, j'étais servi en dernier... T'achetais un énorme roast beef, tu le faisais quasiment pas cuire, ce qui fait que moi, j'héritais du cœur, tu comprends, du cœur du roast beef, le moins cuit, le plus cru, le bœuf palpitait quasiment encore dans mon assiette ! C'tait rouge, plein de sang, pis ça goûtait la débarbouillette mouillée ! J'avais l'impression qu'y'avait un bœuf, dans' salle de bains, pis que tu venais d'y trancher un morceau de cuisse pour le mettre dans mon assiette !

NANA. Pis tu me l'as jamais dit.

LE NARRATEUR. J'me serais fait tuer.

NANA. Si tu m'avais dit ça devant le monde, oui, mais...

LE NARRATEUR. C'est pas grave, moman, tu me donneras l'entame, samedi prochain, pis on en reparlera pus... Si chus là pour souper.

NANA. Comment ça, si t'es là pour souper.

LE NARRATEUR. Ben, ça me tente pas ben ben moi non plus de passer une autre soirée avec l'imitateur attitré de Fernandel, moman ! J'ai autre chose à faire, dans' vie !

NANA. D'abord, c'est pas vrai que t'as autre chose à faire, tu m'as demandé pas plus tard qu'à matin c'que je faisais pour souper samedi soir... pis ensuite, faut que tu restes ici pour tenir compagnie à ta cousine Lucille que t'aimes tant pendant qu'a' fait clignoter ses lumières...

LE NARRATEUR. Moman, j'ai dix-huit ans, là, j'en ai pus dix, chus un adulte consentant pis j'fais c'que je veux !

NANA. T'as tendance à sortir pas mal tard, depuis que-qu'temps, d'ailleurs... pis avec du monde... j'dirais... *bizarre* ! Tu partiras quand y vont s'en aller, c'est toute.

LE NARRATEUR. Pis si y partent après minuit, comme ça leur arrive souvent ?

NANA, *après une hésitation.* Tu partiras en même temps qu'eux autres.

50

LE NARRATEUR. Pis tu me diras rien?

NANA, *après une autre hésitation.* Non.

LE NARRATEUR. O.K.!

NANA. Veux-tu ben me dire où c'est que tu vas, pis que c'est que tu fais avec ces weirdos-là, à des heures pareilles? Quand tu reviens, tu sens la cigarette, pis tu fumes pas! J'me demande dans quel trou tu peux ben te tenir!

LE NARRATEUR. Moman!

NANA. O.K.! O.K.! Parlons-en pas! Mais t'as besoin de te tenir le corps raide pis les oreilles molles pendant toute la soirée à côté de ta cousine Lucille, par exemple!

LE NARRATEUR. Aucun problème!

NANA. Tu vois comme chus, hein? J'ai l'impression que j'viens de me faire avoir comme avec ta tante Gertrude!

Elle sort.

Puis revient.

NANA. J't'ai-tu déjà conté le récital de ta cousine Lucille?

LE NARRATEUR. Des milliers de fois, moman...

NANA. Écoute ben ça, tu vas rire.

Il lève les yeux au ciel.

NANA. Lève pas les yeux au ciel comme ca, t'as pus dix ans! *(Elle tousse dans son poing comme si elle allait commencer une chanson.)* Imagine-toi donc que ta tante Gertrude m'avait rabattu les oreilles avec le récital de sa fille pendant des mois pis des mois! Y fallait absolument que j'y aille, y fallait absolument que j'voie ça, a' préparait la robe de Lucille elle-même, a'l' avait acheté le matériel au Shiller's de son coin... R'marque que j'aurais déjà dû me méfier parce que ta tante Gertrude a jamais eu ben ben de goût pour s'habiller, mais en tout cas... Des mois que ça a duré ! J'avais l'impression que sa fille Lucille était le premier être humain à prendre des cours de ballet dans l'Histoire de l'Humanité ! Déjà que prendre des cours de ballet dans une école de diction... mais en tout cas, j'ai fini par céder, par promettre d'y aller, a'l' a dû m'hypnotiser, comme d'habitude... J'arrive là, le soir du *récital*. C'tait dans un soubassement d'église, imagine l'atmosphère ! J'm'installe dans un banc d'église raide, à côté de ta tante qui sentait tellement fort que j'avais l'impression d'avoir un jardin complet de roses mortes à côté de moi... Ça commence par une espèce de séance sur Cendrillon, avec des petites filles de huit-dix ans... Ta tante se penche sur moi pis a' me dit que c'est là-dedans que Lucille joue. Moi, j'trouvais ça bizarre parce que ta cousine avait déjà quasiment quinze ans, dans ce temps-là... en tout cas, j'prends mon mal en patience... Cendrillon est ben malheureuse, sa belle-mère pis ses belles-sœurs sont ben écœurantes, a' braille, les autres partent pour le bal... Normalement, je l'avoue, j'aurais dû trouver ça cute, j'aime ça, des enfants qui jouent des séances, mais là j'avais dû décider que je boquais, je suppose, pis j'm'ennuyais pour mourir... J'me disais, a' va quand même pas jouer le Prince Charmant, sa mère m'a dit qu'a' portait une robe ! Arrive le moment oùsque la marraine de Cendrillon est supposée d'arriver. Cendrillon est effouerrée dans les citrouilles en carton, a' pleure à n'en pus finir, les mères des artistes se mouchent parce qu'y la trouvent bonne, les pauvres, les rideaux du fond s'ouvrent... pis Lucille arrive sur les pointes, déguisée en fée ! Écoute, 'est-tait trois fois grande comme Cendrillon ! Pis sur la pointe des pieds, comme ça, a'l' avait l'air d'un cheval qui essaye de faire du ballet ! Ta tante avait pas osé y faire un tutu parce qu'a'l' a les pattes un peu croches, ça fait qu'a' s'était rabattue sur une espèce de guénille en voile rose et bleue posée sur une crinoline ben ben raide... Ça se voulait chic, mais ç'avait l'air plus pauvre que le costume de Cendrillon ! On aurait dit que c'tait elle qui avait besoin de se changer pour aller au bal ! C'tait pas une apparition, c'tait une vision d'horreur ! Là, ton oncle Alfred, l'admirateur de Fernandel, essaye de partir une claque ! Mais y'est tu-seul à applaudir parce qu'on est juste trois dans' salle à savoir que c'est sa fille Lucille qui vient d'arriver, pis y'a l'air d'un maudit fou ! Pis plus y'a l'air d'un maudit fou, plus y s'entête, pis plus y'applaudit ! Ta cousine Lucille commence à branler un peu sur ses grandes pattes croches, parce que son père applaudit trop longtemps pis qu'a' se sent obligée de rester sur les pointes tant qu'y'arrêtera pas ! C'tait tellement gênant, là ! C'tait pas une étoile de ballet qui arrivait, verrat, c'tait juste une pauvre fille qui avait pris quequ'mois de cours de ballet dans une école de diction ! Si j'avais eu une hache avec moi, laisse-moi te dire que ton oncle Alfred aurait les bras plus courts depuis ce soir-là ! Y nous mimerait Fernandel avec des mognons ! Y'a fini par arrêter d'applaudir, toujours, tu comprends, y'avait cinq cents têtes qui s'étaient tournées vers nous autres ! C'tait pas gênant pantoute, d'abord ! Pis là, Lucille, toute chambranlante sur ses jambes fatiquées, a' fait quelques pas, toujours sur les pointes, a' baisse sa baguette magique, pouf, la pumpkin se change en cârosse, pis a' sort ! C'tait toute ! On l'a jamais revue ! J'venais d'assister au *récital* de ta cousine Lucille ! A' rentre, pouf, a' donne un coup de baguette, pis *that's it* ! A'l' a pas été sur la scène plus que deux minutes, j'pense, pis sa carrière était finie ! C'pas tout le monde qui est faite pour monter sur une scène, t'sais ! Ton oncle se mouchait, ta tante se tenait le cœur à deux mains, pis moi j'me disais : «C'est ça, mourez donc de mort naturelle, tou'es deux, avant que j'me sente obligée de vous tuer de mes propres mains !» A' l'intermission, j'me sus trouvé une excuse, ben des autobus à

53

prendre, ou ben donc un mal de tête, j'sais pus trop, pis j'me sus sauvée comme une lâche! Jamais, tu m'entends, jamais, j'ai dit à ta tante que j'avais aimé le *récital* de sa fille! A'l' a tout faite, a'l' a toute essayé, mais pour ça, a'l' a pas réussi! Ça m'a peut-être coûté des dizaines de roast beefs, pis j'me laisse toujours enfirouâper quand a' veut se faire inviter, *mais jamais dans ma sainte vie j'vas y dire que j'ai aimé c'te soirée-là!*

LE NARRATEUR. Pis tu te demandes pourquoi a' te dit juste que ton thé était bon quand a' part d'ici!

Nana reste figée quelques secondes.

NANA. Ben gard' donc ça, toi! Ah ben, la...

Elle sort.

Revient.

NANA. J'ai changé d'idée. J'vas faire un jambon, samedi soir. On fait bouillir ça pendant des années, du jambon, ça va être assez cuit pour toi, non!

Elle sort.

LE NARRATEUR. Elles ne se sont jamais réconciliées. Je veux dire ma tante Gertrude et ma mère. Parce que ma tante Gertrude est morte subitement d'une crise cardiaque. Ma mère disait toujours : «Ta tante Gertrude est morte dans sa graisse!»

Nana revient.

NANA. Ça pourrait m'arriver, à moi aussi, t'sais, si vous êtes pas plus fins avec moi. Tu réponds pas? D'habitude, tu réagis, quand j'dis des énormités comme ça!

LE NARRATEUR. J'te laisse parler, maintenant, c'est plus drôle.

NANA. 'Gard donc ça, le grand philosophe de vingt ans qui veut en remontrer à sa mère !

LE NARRATEUR. J'veux pas t'en remontrer...

NANA, *en riant.* Tu vois que c'est pas vrai que tu me laisses parler !

Il pousse un soupir d'exaspération.

NANA. Y paraît qu'y l'a regardée mourir sans lâcher sa pipe. Ton oncle Alfred. Un autre beau moineau, ça ! J'espère au moins qu'y y'a pas faite une imitation de Fernandel pendant qu'a'l' appelait au secours ! Ris pas !

LE NARRATEUR. Comment tu peux savoir qu'y'a pas lâché sa pipe pendant qu'a' mourait ! T'étais pas là !

NANA. C'est lui-même qui le dit ! On dirait qu'y s'en vante ! J't'ai-tu conté comment ça s'était passé ? C'est épouvantable ! C'tait un samedi matin. Comme tous les samedis matins, a' cirait son plancher après l'avoir lavé à genoux, pendant que ton oncle Alfred la regardait faire en fumant sa pipe. Demande-moi pas pourquoi a'l' attendait le samedi matin pour laver son plancher, mais en tout cas. Peut-être qu'a'l' espérait qu'y y'offre de l'aider un jour, qu'y trouve qu'a' faisait pitié, comme ça, à quatre pattes sur le prélart, pis qu'y dise : «Laisse faire, Gertrude, j'vas le faire...» J't'ai-tu déjà dit que c'te femme-là était ben naïve ? En tout cas. Y dit qu'y'était en train d'y conter quequ'chose... 'Est peut-être morte juste pour s'épargner une autre description de Fernandel en train de couper les cheveux de Suzy Delair... En tout cas. Tout d'un coup, a' s'est mis à jouer du bassin. C'est comme ça qu'y dit ça... jouer du bassin. J'sais pas oùsqu'y'a pris ça, c't'expression-là, mais en tout cas. Y'a pensé qu'a' faisait une farce, ou quequ'chose, pis y'a continué à y parler jusqu'à ce qu'a' s'écrase dans sa flaque de cire. Fin de l'histoire. Y l'a regardée mourir sans s'en apercevoir. J'ai toujours dit que c'était un épais. Veux-tu un verre de lait? J'ai un peu mal à l'estomac, encore...

Elle sort.

LE NARRATEUR. Elle n'a jamais abordé les choses importantes directement, en posant une question précise quand elle voulait savoir quelque chose ou qu'un problème la chicotait; non, par pudeur ou par timidité, elle inventait des histoires, elle faisait des détours, elle patinait, elle parlait d'abondance pour cacher son désarroi tout en guettant les réactions de la personne à qui elle s'adressait, pour essayer de lire une certaine forme de compréhension sur son visage, je suppose. Qu'elle trouvait rarement, d'ailleurs, parce que ses élucubrations étaient parfois indéchiffrables. Il aurait fallu décoder ses monologues, décortiquer ses récits pour en comprendre la vraie signification, mais sa verve submergeait tout et on se contentait trop souvent de rester médusé devant cet irrésistible flot de paroles, ravi par son sens du punch, renversé par sa drôlerie. Par exemple, son dernier récit, si absurde, sur la mort de ma tante Gertrude, avait une signification très précise que je n'ai malheureusement pas saisie tout de suite, incapable que j'étais de comprendre pourquoi ma mère inventait une mort comique à quelqu'un qu'elle n'avait jamais aimé, presque choqué, même, de sa méchanceté. Sauf qu'un jour, c'était une journée de printemps, je m'en souviens parce que c'était pendant les derniers examens de ma dernière année à l'Institut des Arts graphiques, pour la première fois de sa vie, en tout cas avec moi, elle s'est ouverte d'un seul coup. Et, pour une fois, son monologue a pris figure de confession.

Nana rentre, s'approche du Narrateur, se place derrière lui, passe ses bras autour de son cou.

NANA. Vas-tu prendre soin de ton père, quand j's'rai pus là?

Silence.

LE NARRATEUR. Ben... oui. Pourquoi tu demandes ça?

NANA. Je l'ai ben gâté, t'sais, pis y'est pas toujours facile.

Silence.

LE NARRATEUR. Ça dépend de ce que tu veux dire par te remplacer, aussi. J'peux pas tout faire c'que tu fais. J'vas quand même pas y donner sa cuillerée de lait de magnésie Philips tous les jours avant qu'y parte pour travailler...

NANA. Fais pas de farces avec ça, chus sérieuse.

LE NARRATEUR. Ben oui, mais tu sais ben que personne va pouvoir te remplacer dans sa vie, moman!

Elle a un petit soubresaut de douleur qu'elle essaie de réprimer. Le Narrateur hésite avant de lui poser sa question.

LE NARRATEUR. Ça fait-tu ben mal?

NANA. Oui. Mais ça va passer. Ça s'en va déjà. *(Pour changer la conversation:)* T'en rappelles-tu, quand j'te tenais comme ça, quand t'étais petit?

LE NARRATEUR. Ben oui. Mais dans ce temps-là, t'étais pas debout derrière moi, t'étais assise, pis j'étais sur tes genoux.

NANA. Hé que t'aimais ça.

LE NARRATEUR. Oui. J'aime encore ça, t'sais.

Elle lui donne une tape sur l'épaule.

NANA. T'aurais dû me dire ça avant, j'me retiens depuis des années! Quand j's'rai pus là, y va être trop tard.

Silence lourd de gêne.

NANA. As-tu pensé à ce qui va arriver dans' maison quand j's'rai pus là?

LE NARRATEUR. Non.

NANA. Y faudrait que tu commences à y penser, hein?

LE NARRATEUR. Je le sais. Mais chus pas capable. C'est... inimaginable.

NANA. Ben non. Tenir une maison, c'est pas la fin du monde. J'veux pas dire par là que je t'oblige à tenir maison quand j'vas être partie, là, non, je suppose que vous allez faire ça à trois, toi, ton père pis ton frère... Vous allez vous débrouiller, tu vas voir. Pis personne est irremplaçable, tu sais.

LE NARRATEUR. Oui. Toi.

NANA. Hé que t'es fin. J't'ai-tu déjà dit comment c'que t'étais fin?

LE NARRATEUR. Oh, non. T'avais plutôt tendance à me trouver insignifiant pis à me crier par la tête.

NANA. Tu le méritais, aussi, enfant insignifiant! Mais à travers tout ça, tu devinais pas tout ce que je ressentais pour toi?

LE NARRATEUR. Je suppose, oui. Mais pas toujours. Des fois, quand tu t'agitais beaucoup pour presque rien, tu me faisais un peu peur. Je me disais que c'était pas normal de faire un tel drame avec des niaiseries pareilles...

NANA. C'est vrai que j'ai toujours été ben dramatique.

LE NARRATEUR. Enfin, elle l'avoue!

La femme sourit, se redresse.

Il la regarde en souriant lui aussi.

NANA. Chus ben inquiète pour toi, tu sais.

LE NARRATEUR. Pourquoi ?

NANA. Je sais pas. J'ai l'impression d'avoir réussi à caser tous mes hommes, sauf toi.

LE NARRATEUR. Caser ?

NANA. C'est peut-être pas le bon mot... En tout cas... Ce que je veux dire, c'est que... ton père va être à sa retraite ben vite, y va pouvoir se reposer un peu, y'a tellement travaillé... Ton frère le plus vieux est professeur, y'a une bonne situation, même si on sait pas grand-chose de lui, en fin de compte. L'autre fait le même métier que ton père, y gagne très bien sa vie, y'a une femme, des enfants...

LE NARRATEUR. Moman, tu recommenceras pas avec la femme pis les enfants...

NANA. Ben non... Ça fait des années que j't'en ai pas parlé, ça fait longtemps que je sais que t'auras jamais de femme ni d'enfants, c'est pas ça que je veux dire, même si c'est une des choses qui m'inquiètent le plus... J'veux dire ce que j'ai dit tout à l'heure, y'a pas d'autre mot... j'ai pas l'impression que t'es casé, pis ça va être un de mes grands regrets en partant... De pas savoir c'qui va t'arriver. De pas être sûre, même, qu'y va t'arriver quequ'chose.

LE NARRATEUR. Moman, s'il te plaît, inquiète-toi pas pour moi. Pense à toi. Pense juste à toi, pour une fois.

NANA. Ben oui, mais que c'est que tu vas faire de ta vie ?

LE NARRATEUR. Je le sais pas, mais pour le moment ça a pas d'importance.

NANA. Ça se peut pas que ça aye pas d'importance! C'est *ta vie*!

LE NARRATEUR. Moman, j'vas me débrouiller!

NANA. C'est pas vrai! Tu t'es jamais débrouillé! Jamais! T'as toujours rêvé! T'es toujours resté dans ton coin à rêver! Tu vas pas passer le reste de tes jours à te rêver une vie, jamais je croirai!

LE NARRATEUR. Peut-être que j'aime mieux ça que d'être casé, comme tu dis.

NANA. Dis pas ça, j'vas être encore plus inquiète! Voir si ça a du bon sens! Dire des affaires de même à ton âge!

Il passe ses bras autour de sa taille, pose sa tête sur son ventre.

LE NARRATEUR. Laisse-moi vivre ma vie comme je l'entends.

NANA. Je sais très bien que tu vis pas du tout ta vie comme tu l'entends! Essaye pas! Fais-moi pas fâcher! Ce que tu fais dans c't'école-là, depuis trois ans, ça s'appelle gagner du temps, mon p'tit gars! Retarder les choses! Jouer avec le feu! Tu joues avec le feu, c'est ça que tu fais! Tu fais rien pour réussir ta vie dans l'espoir que quequ'chose va arriver qui va te sauver! T'attends que quelqu'un ou ben donc quequ'chose te sauve!

LE NARRATEUR. Mais si chus vraiment convaincu que quequ'chose ou quelqu'un va arriver...

NANA. Un moment donné, tu vas te rendre compte que t'as quarante, cinquante ans, pis rien va être arrivé, pis...

LE NARRATEUR. J's'rai toujours pas casé...

NANA. Fais pas de farces avec ça non plus, chus sérieuse! J't'ai trop laissé rêver! J't'ai trop *encouragé* à rêver, j't'ai trop laissé lire c'que tu voulais trop jeune, j'ai trop regardé de téléthéâtres avec toi, en sachant très bien que ça rentrait en toi comme du poison, parce que tu passeras peut-être jamais de l'autre côté, du côté des artistes, du côté de ceux qui écrivent, qui jouent, qui dansent, qui filment, comme tu le voudrais! tu f'ras peut-être rien de ta vie parce que j't'aurai trop laissé rêver, pis ça va être de ma faute!

LE NARRATEUR. Dis pas ça! J'te serai toujours reconnaissant de m'avoir laissé rêver, moman! Tout ce que j'ai, j'le tiens de toi! Moi aussi chus dramatique, moman, moi aussi j'me fais des grands monologues pour m'étourdir, moi aussi chus prêt à me moquer de tout pour éviter de faire face aux choses! C'est pas un défaut, moman, c'est une qualité, pis c'est peut-être ça qui va me sauver!

NANA. Si seulement j'pouvais te croire...

LE NARRATEUR. Crois-moi, j'te jure que c'est vrai. Si je réussis ma vie, j'vas te le devoir!

NANA. Pis si tu la rates?

LE NARRATEUR. Veux-tu, j'vas te dire quequ'chose de ben important? Écoute bien. J'vas te le dire juste une fois. Y'est pas question que je rate ma vie. M'entends-tu?

NANA. Mais comment tu veux que j'te croie? Tu dis peut-être ça juste pour me consoler, pour que je m'inquiète pas!

LE NARRATEUR. Décide que tu le crois!

NANA. Chus pas capable!

LE NARRATEUR. Moman... Lutte, pour une fois... pis fais-moi confiance. J'te demande de me faire confiance!

Elle le regarde longuement.

NANA. O.K. J'vas te faire confiance. Mais tu sais que chus capable de revenir, si ce que tu deviens fait pas mon affaire, hein?

LE NARRATEUR. Oh oui. Si tu reviens me tordre les orteils, j'vas savoir pourquoi, pis je changerai de cap!

Elle l'embrasse sur le front.

LE NARRATEUR. J'peux-tu te dire à quel point la maison va être vide sans toi?

NANA. Ah oui. Si tu savais comme j'ai besoin d'entendre ça...

LE NARRATEUR. La maison va être terriblement vide, moman. On va s'ennuyer... de tout c'que tu faisais, pis de tout c'que tu disais, même des pires affaires! J'vas m'ennuyer de tout, même du pire, moman, j'te le promets!

NANA. Même de ma mauvaise foi qui te choquait tant?

LE NARRATEUR. Oui.

NANA. Même de mes injustices?

LE NARRATEUR. T'es rarement injuste, moman.

NANA. Merci de me parler de moi au présent.

LE NARRATEUR. T'es pas encore partie, moman.

NANA. Non, mais j'te dis que je rue pas fort.

Elle porte les mains à son ventre, s'appuie un peu contre lui.

LE NARRATEUR. Ça recommence?

NANA. Oui.

LE NARRATEUR. J'me sens tellement impuissant, si tu savais.

NANA. Quand j'vous portais, j'avais mal là. À la même place. Exactement à la même place. C'est ça qui me fait le plus de peine. J'ai l'impression... J'ai l'impression d'être en train d'enfanter ma mort. D'être enceinte de ma mort. De me préprarer à accoucher de ma mort. Comprends-tu ? Des fois, c'est les mêmes symptômes. J'veux dire le début des douleurs, quand mes douleurs commencent, ça fait mal à la même place, un peu de la même façon... mais pas après, pas quand la douleur se développe, pis qu'a' devient insoutenable. Vous m'avez jamais fait mal comme ça, même si vous étiez tous les cinq des gros bebés... Je sais pas comment t'expliquer ça... C'est une présence, comme quand on est enceinte, on sent qu'y'a quequ'chose qui se nourrit de nous autres, qui grossit, qui veut donner des coups de pieds... mais... c'est pas de la vie... Tu peux pas... Tu peux pas imaginer ce que c'est que de savoir qu'on porte sa propre mort en dedans de nous autres ! De savoir où c'est, exactement, parce que ça nous fait souffrir à un endroit précis de notre corps, que c'est par là qu'on va partir... J'me regarde comme quand j'étais enceinte, vingt ans après mon dernier bebé, t'sais, comme ça, la tête penchée par en avant, les mains sur le ventre, pis je sais que c'est ma mort qui est là ! Là où par cinq fois...

LE NARRATEUR. Parle pas de ça, moman, tu vas juste te faire du mal...

NANA. Laisse-moi faire, peut-être que ça me fait du bien, que ça va me soulager... pas de la douleur... mais de... j'sais pas... du poids que j'ai sur le cœur depuis que je sais tout ça.

Silence.

NANA. Sais-tu quoi ? J'aurais voulu faire ma comique, comme d'habitude, pour te parler de tout ça... Inventer une histoire, faire la folle ou ben la dramatique... J'ai essayé, au commencement, avec l'histoire de la mort de ta tante Gertrude, mais... Non. Chus pus capable de faire ça. Tu peux pas... imaginer... l'angoisse. C'est comme... Quand on parle de l'angoisse, en anglais, on dit : *a sinking feeling,* hein, l'impression de couler, comme un bateau... *(Elle lève les bras, comme si elle allait s'envoler.)* ... mais moi, j'ai l'impression que j'vas m'envoler d'angoisse ! La douleur est épouvantablement pesante, mais moi, j'ai l'impression que j'vas m'envoler, que ça me porte par en haut, comme si la peur, la peur de souffrir, la peur de mourir, me rendait plus légerte ! Comme si la punition, l'enfer étaient par en haut au lieu d'être par en bas ! Mon Dieu ! Peut-être que chus en train de blasphémer sans m'en apercevoir !

LE NARRATEUR. Non, non, c'est correct, continue si ça te fait du bien...

NANA. Je le sais pas si ça me fait du bien ! Je le sais pas si ça me fait du bien ! J'ai tellement peur ! Je refuse de partir, comprends-tu ? Je refuse de partir ! Pas tellement parce que j'ai peur de la mort elle-même, mais parce que ton père a besoin de sa cuillerée de lait de magnésie Philips tous les jours pis que si chus pas là, y la prendra pas ! C'est pas vrai. C'est pas vrai. C'est de la mort que j'ai peur. J'ai peur de mourir, ça sert à rien de me le cacher. J'ai peur du trou noir si y'a rien, pis des flammes éternelles si y'a quequ'chose !

LE NARRATEUR. T'iras certainement pas en enfer...

NANA. J'irai certainement pas au ciel ! Y'ont pas besoin d'une fatiquante comme moi ! *(Elle se plie presque en deux.)* Aide-moi ! Aide-moi ! Ça fait trop mal. Non, non, laisse faire, c'est niaiseux c'que j'te demande là, tu peux rien faire pour moi...

LE NARRATEUR. J'veux pas que tu souffres comme ça, moman !

NANA. Ça va s'en aller... Ça va s'en aller... Ça s'en va déjà...

Le Narrateur se lève de sa chaise.

LE NARRATEUR. Écoute, y'est pas question que tu partes comme ça... J'peux pas te laisser souffrir comme ça... J't'ai préparé une surprise...

NANA. Une surprise !

La douleur de Nana semble se résorber.

LE NARRATEUR. Ben oui. Viens ici, tu vas voir. *(Il l'attire au bord de la scène.)* R'tourne-toi. *(Nana se tourne vers le fond de la scène.)* Tout est possible, au théâtre, pis j't'ai préparé une sortie digne de toi...

Il fait un signe.

Une magnnifique musique se fait entendre – peut-être du Haendel – pendant que des cintres et de la coulisse surgit un superbe décor en trompe-l'œil, machineries et fausses perspectives, représentant la plaine de Saskatchewan avec, au fond, un lac dont les vagues bougent.

NANA. C'est ben beau ! Mais c'est ben beau ! On dirait chez nous, en Saskatchewan ! Pis r'garde, le lac bouge, pis toute !

LE NARRATEUR. Oui, c'est des techniciens, en coulisse, qui le font bouger...

Elle se dirige vers le fond de la scène, se retourne.

NANA. Mon Dieu ! C'est ben laid, d'en arrière ! C'est pas peinturé des deux bords ?

LE NARRATEUR. Non. C'est fait pour être vu de la salle, moman...

NANA. Ah oui, c'est vrai... Ça servirait à rien... C'est drôle, hein, on imaginerait jamais ça...

LE NARRATEUR. Mais c'est pas fini... R'viens par ici.

Nana revient au bord de la scène, se retourne.

Le Narrateur fait un autre geste et une énorme paire d'ailes d'ange soutenant une nacelle de rotin descend du ciel.

NANA. Ah, j'comprends, là. C'est pour moi, ça? C'est pour mon... départ? Ma... sortie?

LE NARRATEUR. Oui.

NANA. T'es fin. Ça va être merveilleux de m'en aller comme ça! J'peux-tu faire ça tu-suite, là?

LE NARRATEUR. Ben oui, c'est là pour ça...

Ils s'approchent de la nacelle. Le Narrateur ouvre la petite porte pour laisser entrer Nana.

NANA. J'vas avoir l'impression de partir en ballon!

LE NARRATEUR. Oui, pis j'peux te jurer que c'est pas l'angoisse qui t'attend en haut, moman. L'angoisse est pas par en haut!

NANA. J'pensais pus à ça, chus trop contente!

Il la serre dans ses bras.

LE NARRATEUR. Aie pas peur de revenir si je fais des choses qui font pas ton affaire...

NANA. J'te le promets!

La musique se fait entendre de nouveau.

La nacelle commence à monter, lentement.

LE NARRATEUR. Ça te va bien, des ailes d'ange!

NANA. J'sais pas si c'est au Ciel que je m'en vas, mais c'est le fun en maudit!

LE NARRATEUR. En maudit?

NANA. En maudit !

Elle envoie des baisers, des signes de la main, des bye-bye avant de disparaître dans les cintres.

Key West
nov. – déc. 1997

COMPOSÉ PAR LUCIE COULOMBE
ACHEVÉ D'IMPRIMER
EN AOÛT 1998
POUR LE COMPTE DE
LEMÉAC ÉDITEUR

DÉPÔT LÉGAL
1re ÉDITION : AOÛT 1998
(ED. 01/IMP. 01)